中国现代作家青春剪影丛书

修订本
飞蛾扑火
丁玲

张卫——著

时代出版传媒股份有限公司
安徽教育出版社

图书在版编目（CIP）数据

飞蛾扑火:丁玲/张卫著.—修订本.—合肥:安徽教育出版社,2022.12

(中国现代作家青春剪影丛书)

ISBN 978-7-5336-9670-2

Ⅰ.①飞… Ⅱ.①张… Ⅲ.①丁玲(1904-1986)—生平事迹 Ⅳ.①K825.6

中国版本图书馆 CIP 数据核字（2022）第 049860 号

飞蛾扑火　丁玲

FEI'E-PUHUO　DING LING

出　版　人:费世平
统筹编辑:周　佳
责任编辑:周　佳
装帧设计:王莉娟
美术编辑:吴亢宗
责任印制:陈善军

出版发行:安徽教育出版社
地　　址:合肥市经开区繁华大道西路 398 号　邮编:230601
网　　址:http://www.ahep.com.cn
营销电话:(0551)63683012,63683013
排　　版:安徽时代华印出版服务有限责任公司
印　　刷:安徽联众印刷有限公司

开　　本:880 mm×1230 mm　1/32
印　　张:8.25
字　　数:146 千字
版　　次:2022 年 12 月第 1 版　2022 年 12 月第 1 次印刷
定　　价:29.00 元

（如发现印装质量问题,影响阅读,请与本社营销部联系调换）

青春剪影出一首首梦的歌(代序)

傅光明

鲁迅《呐喊·自序》的开篇第一段话是:"我在年青时候也曾经做过许多梦,后来大半忘却了,但自己也并不以为可惜。……这不能全忘的一部分,到现在便成了《呐喊》的来由。"紧接着,他回忆起儿时家庭从小康坠入困顿,这样的苦涩经历使他从中得以看见世人的真面目,继而要"走异路,逃异地,去寻求别样的人们"。

从他睁开眼看世界,他便有了梦,很美满的一个梦——到日本,学医,救治像他父亲一样"被误的病人的疾苦,战争时候便去当军医,一面又促进了国人对于维新的信仰"。直到课堂上放映关于日俄战事的画片,"忽然会见我久违的许多中国人了,一个绑在中间,许多站在左右,一样是强壮的体格,而显出麻木的神情。据解说,则绑着的是替俄国做了军事上的侦探,正要被日军砍下头颅来示众,而围着的便是来赏鉴这示众的盛举的人们"。

这个故事本身已具有经典性,不仅如此,相信凡熟悉鲁迅的读者更喜欢咀嚼接下来的这一小段文字,因为它是鲁迅作家梦开始的地方:"医学并非一件紧要事,凡是愚弱的国民,即使体格如何健全,如何茁壮,也只能做毫无意义的示众的材料和看客,病死多少是不必以为不幸的。所以我们的第一要著,是在改变他们的精神,而善于改变精神的是,我那时以为当然要推文艺,于是想提倡文艺运动了。"

这时,他又开始做好梦了。从仙台辍学回到东京,他邀几位朋友一起办杂志,以期迈出文学的第一步。但这本取"新的生命"的意思而叫《新生》的杂志,在策划中便胎死腹中,梦也随之转瞬即逝了。

因梦无法实现而带来的寂寞,一天天地长大起来,"如大毒蛇,缠住了我的灵魂了"。然后是无端的悲哀和驱除不尽的痛苦,而麻醉的最好办法是"使我沉入于国民中,使我回到古代去",让生命黯然销魂,直销到"再没有青年时候的慷慨激昂的意思了"。

就这样,在蚊子多的一个夏夜,已蛰居北京,在绍兴会馆里百无聊赖抄古碑的鲁迅,迎来了一个老朋友。这位"偶或来谈"的老朋友金心异,便是正协助陈独秀编辑《新青年》杂志的钱玄同。聊天中,一段石破天惊的对话呱呱坠地,并成为中国现代文学史上经典的里程碑式的思想意象:

> 假如一间铁屋子,是绝无窗户而万难破毁的,里面有许多熟睡的人们,不久都要闷死了,然而是从昏

睡入死灭，并不感到就死的悲哀。现在你大嚷起来，惊起了较为清醒的几个人，使这不幸的少数者来受无可挽救的临终的苦楚，你倒以为对得起他们么？

然而几个人既然起来，你不能说决没有毁坏这铁屋的希望。

由此，鲁迅发出"狂人"的呐喊，《狂人日记》不仅成为小说家鲁迅的起点，更成为中国现代白话小说的源头和丰碑。

可以说，鲁迅是在生命日渐消沉的时候才做起小说来！显然，是五四精神孕育出了鲁迅的新生，而鲁迅又给五四精神注入了别样的新鲜活力和深邃的思想光芒。那本在东京未出世就夭折了的《新生》雪藏起鲁迅的摩罗诗力，而一本在北京崭新的《新青年》却真的赋予了鲁迅新的生命——文学的、艺术的、精神的、思想的不朽生命。

简言之，一篇短短的《呐喊·自序》，已大致可以为鲁迅，同时也可把这样的梦影当参照，为许多现代作家，甚至为读者自己画一幅青春剪影了。

像鲁迅一样，世上所有的人，年轻时候都会做许多梦。醒来一个梦，再做下一个梦，有梦便有希望在，人生的过程就是在不断做梦寻梦。当然，悲哀时，又会感觉一如鲁迅所说，"人生最苦痛的是梦醒了无路可以走"。如果真的无路可走了，还是要做梦，回忆青春的梦。没有了梦，便只剩下了绝望。

这套书里的作家们，年轻时几乎无不是有着一个又一个的梦。郭沫若和鲁迅一样，早年赴日本留学时，学的是医学，后因受到荷兰哲学家斯宾诺莎和美国诗人惠特曼思想的影响，决心弃医从文；与郭沫若等一同发起成立"创造社"的郁达夫，留日之初，考入的是东京第一高等学校医部预科，后又改学过政治学、经济学；冰心在写她的《繁星》《春水》以前，就读于协和女子大学理科，向往的也是日后成为一名医生。

然而，任何一个梦想的实现，都需要付出巨大的艰辛、努力。一个人的青春岁月，时常是苦恼与快乐相伴、信心与茫然相随。正是在这个时候，已经长大了的青少年，会突然惊奇地发现，原来世间的事情是如此的复杂，连黑与白的界线都有可能变得不明晰和不确定起来，无法一下子认定的事情越来越多。这些对于作家来说，却又是不可或缺的人生经历和体验。

无论他们在年轻时做过怎样的梦，有一点是共同的，即读书、求知。他们大都有过在海外或留学，或进修，甚或流亡的经历；他们中的许多人至少懂得一门外语，像巴金、郁达夫、钱锺书、杨绛等，通晓的外语都在两门或两门以上。茅盾是在大革命失败后，流亡日本时，深度创作他的小说处女作《蚀》三部曲的。巴金的小说处女作《灭亡》写于巴黎，这之后，他的写作一发不可收。朱自清在出任清华大学中国文学系主任的前一年，曾在英国进修过语言学和英国文学，后漫游欧洲五国，才有后来写作的

《欧游杂记》《伦敦杂记》。艾青最初读的是艺术学院绘画系，后在赴法国勤工俭学时，边学绘画，边接触欧洲现代派诗人，最终成为诗人，而不是画家。在南开中学就开始参与戏剧活动的曹禺，初入南开大学，读的是政治系，转至清华大学西洋文学系才真正开始钻研戏剧，从古希腊剧作家到莎士比亚、契诃夫、易卜生、奥尼尔，孕育出了他的《雷雨》《日出》。

每个作家都有藏在他的文学梦背后的故事，这些故事对于启迪我们的人生智慧和精神思想，都是难得的知识营养。通过这些故事，我们知道，徐志摩最早没想过要成为诗人，他留学美国时，学的是经济，转去英国，是为了追随罗素，搞政治。当丁玲陷在生活的困惑之中，她做过画家梦，更做过电影明星梦。各自已有深厚的人生体验的川籍作家艾芜、沙汀，是在他俩相遇后，才一起走上文学路的。从湘西走出来的"乡下人"沈从文，学历只到小学，经过人生的许多坎坷沧桑，矢志不渝，最终成就了自己的文学梦。

对于今天的读者，已经成为历史的他们，在这个"剪影"里构成了一组混着一个又一个青春生命泪与笑的梦的合唱。如果能够从他们一串串的梦里找到自己，相信你的未来不是梦！

丁 玲

(1904年10月12日—1986年3月4日)

秋白曾在什么地方写过，或是他对我说过："冰之是飞蛾扑火，非死不止。"诚然，他指的是我在二二年去上海平民女校寻求真理之火，然而飞开了；二三年我转入上海大学寻求文学真谛，二四年又飞开了；三〇年我参加左联，三一年我主编《北斗》，三二年入党，飞蛾又飞来扑火。是的，我就是这样离不开火。他还不知道，后来，三三年我已几濒于死，但仍然飞向保安；五十年代我被划为右派，六十年代又被打成反革命，但仍是振翅飞翔。直到七十年代末，在党的正确路线下，终于得到解放，使我仍然飞向了党的怀抱。我正是这样的，如秋白所说，"飞蛾扑火，非死不止"。我还要以我的余生，振翅翱翔，继续在火中追求真理，为讴歌真理之火而死。

——丁玲《我所认识的瞿秋白同志》

目录

第一章　黑胡子冲的夜/001

第二章　透明的篱笆墙/015

第三章　自由的天空/053

第四章　古都情缘/089

第五章　上下求索/142

第六章　左联女战士/182

第七章　人生的又一个冬天/220

余音　从"文小姐"到"武将军"/241

第一章

黑胡子冲的夜

一、又是个丫头

1904年10月12日（农历九月初四），湖南省临澧县黑胡子冲漆黑的夜幕被女婴清亮的啼哭声震得微微颤动，逶巡着向西方飘移而去。孱弱而凉爽的晨曦小心地泅散开来，缓慢地稀释着夜的浓黑，渐渐显影出南国晚秋时节空净朗润、层次分明的青碧山水和黄绿相交的田野，山水间缭绕着几分清新、成熟和喜悦的气息。但是，传出婴儿啼哭声的蒋家深宅大院，却从候产的期冀、兴奋与生产的喧嚣、杂乱中猛然惊醒。女婴的长辈们在松了一口气的同时也失望地叹了一口长气：又是一个女婴。这个女婴有过一个姐姐，不过已在三年前夭折了。好似一锅沸水扔进个冰坨，全家陷于沉寂，笼罩在一片失望的阴云之中。女婴被取名为"冰之"，大概正是这个家族此时心情的写照。可是有谁想到，多少年后，他们和他们努力维持的蒋家大院早已湮没无闻的时候，这个当时让他们认为无法承继香火，不能光宗耀祖，因而大失所望的女婴，却成了中国现代文学史上充满传奇色彩的作家。她就是丁玲。正是她，才使健忘的时间刻录下了他们这一声叹息，才让厌旧的后人知道在一个叫黑胡子冲的小地方，竟有过一支曾煊赫一时、直到20世纪初才濒于没落的蒋氏宗族。

丁玲出生时，她的父亲蒋保黔尚在日本留学。他听说妻子又生了一个女孩，很不开心。蒋保黔从日本回到湖南老家后，大部分时间都是到处游逛或与一群狐朋狗友吃酒抽大烟，很少花时间逗小丁玲玩。这个新生的女婴长得十分可爱，胖胖的，脸圆得像只苹果，两只大眼睛黑黝黝，闪闪发亮，嘴小小的，嘟嘟着。她还十分聪明，比如大人教给她一些手势，她一学就会。可是对这些，做父亲的却好像视而不见。

族里人见蒋保黔是个"没出息"的人，也就不把他这一房当回事，当然更不会把小丁玲当回事，倒是家里的仆佣下人们给了她不少关怀和照顾。在这种缺乏爱的环境中，母亲余曼贞的爱便成了她唯一的"营养"；在这种势利的环境中，她不得不学得十分乖巧懂事，变得非常敏感；在这种受歧视的环境中，一颗叛逆的种子落在了她的心田，养成了她既能够承受不公又能够向不公挑战的坚忍独立的个性。有一次，余曼贞抱着她，忽然想到了身世中一些不如意的事，不禁哭了起来。这时小丁玲好像明白了似的，对余曼贞说："妈妈不要哭。我长大了用心读书，做大官，挣好多钱，让你可以想买什么就买什么。我还要帮你做花衣，请人伺候你，不要你做一点事，好不好？你现在就教我读诗吧！"

正是由于懂事，丁玲在很小的时候就成了家里的一个"有用"的人。蒋保黔重病在身、辗转病榻期间，按当地习俗，余曼贞既不能出门做客，又不能在家待客，只好让三岁多的小丁玲由用人陪着应付门面。有一次丁玲的七爷爷做寿，余曼贞就让家里的老女用幺妈带着丁玲代表这一房去拜寿，小丁玲在那里一住就是一星期。小丁玲跟在那些叔叔大伯后面，像模像样地行礼如仪，真被当成个大人了。

这个一生下来即受到冷遇并在小小年纪就被压上生活重担的小丫头，过早地进入了成人社会，过早地尝到了人世的辛酸，这些都直接促成了她性格的早熟，给了她独身闯荡世界的最原始的勇气。

二、没落的家庭

19世纪末20世纪初的中国正像这个女婴出生时的那个黎明前的黑夜。

随着工业革命的完成，西方的英、法等国因采用先进技术逐渐强大起来，并迅速向外扩张。素有"物华天宝、人杰地灵"之称的中华大地便成了帝国主义列强觊觎的绝佳目标。而抱残守缺的清王朝又日益腐朽没落，不堪一击。在这种形势下，外有帝国主义列强的坚船利炮摧毁了它紧闭的大门，内有风起云涌的反清反封建斗争动摇了它的根基，清政权风雨飘摇，封建统治难以为继，整个中国社会呈现出一派大厦将倾的颓势和民生凋敝的景象。

位于湖南省临澧县的黑胡子冲虽然偏远，却也无法怡然自处，在整个社会的动荡中上下颠簸着，虽然思想文化上仍是一潭死水，但经济上已出现了衰败的症候。

临澧县古称安福县，因与江西一县重名，民国后根据其地理位置变更为现在的名称。

湘西北远没有吴越江南一带富饶，却独得一片明山秀水，别有一番风土人情。临澧县在仍保留着神秘色彩和悠远情调的湘沅之地，也可算得是一颗明珠了。黑胡子冲则更是一块群山环抱的风水宝地。秀润叠翠的武陵山余脉逶迤伸展，像一道纡徐流畅的屈曲山墙，让人看不到太阳落山的地方。婉转如歌的澧水炫耀着粼粼闪光、淙淙铮铮的金嗓子，用旭日的光芒谱成一曲多情的湘西小调，缭绕着掩映在橘林和竹林中的每一座院落与每一间屋顶。其中最气派的就是蒋家大院。当时曾流传"全国有七个半大地主"的说法，而地远域偏的蒋家居然就是那"半个"。甚至更有传说，蒋家本姓李，是推翻明朝、建立大顺政权的农民起义领袖李自成的后代。有说李自成兵败湖北九宫山后，隐姓埋名在湘西石门县的夹山灵泉寺出家。这大概是因为蒋家收藏有不知如何搜购得来的李自成遗物，还有就是因为蒋家似乎是一夜间暴富起来的，简直有钱得不像话，像发掘了什么藏宝洞一般匪夷所思。其实，蒋家并非这样来历不明，其族谱修自北宋，上溯到西周的伯禽，历史名人苏轼、文天祥等都曾为之写序作跋。蒋家世代簪缨，到了这个家族的第八十九世，即丁玲的祖父，也还任过贵州的制台。传说蒋家门前有一块"下马石"，过往官员文官落轿，武官下马，谁也不敢怠慢，足见蒋氏曾有过的灼人威势。但到 19 世纪末，蒋氏虽富甲一方，也只不过是"半个"大地主而已，这大概不是修撰族谱的蒋氏远祖"握笔而俟"的吧。

但就是这"半个"，到 20 世纪初时也成了"雕梁玉砌应犹在，只是朱颜改"。高墙深院包围的不再是人丁兴旺，二百多间房屋大半空着；朱门青路出入的不再是财富权势，门漆路石早已斑驳塌陷；花径亭榭萦回的不再是书香悠情，象牙宝石镶嵌的戏台成了野草、老鼠的乐园。在这只大虫死而未僵的空壳中，到处弥漫着破落、萧索的气味，让人窒息。丁玲在《我的生平与创作》中写道：

> 我的家庭是世代为官的豪门望族。这个家庭里充满了中国古典小说《红楼梦》《儒林外史》中描写的各种人物，实际上是整个没落的封建社会的缩影，充满了惊心动魄的矛盾故事。这个大

家族中的一部分逐渐没落垮台，贫穷潦倒。

丁玲的祖父和大伯死得较早。一门妇孺在宗族内部的财产争夺战中显然处于劣势。身为这一房顶梁柱的二伯父无奈之中立志读书，到外面挣取功名。但这也引起了家族中一些人的恐惧。有人就在二伯父要带进考场的食物里放了巴豆。二伯父识破了这一切，心寒之下，离家远行，最后在遥远的北方海参崴削发为僧。她的叔叔也看透了这个外表和睦却内藏倾轧的大家庭的虚伪面目，愤而上山，做了土匪，昼伏夜出，干些藏枪剪径的勾当。只有她的父亲惨淡地延续着一脉微弱的书香。

三、传说中的父亲

丁玲对父亲的印象稀薄而不真实。在丁玲三岁半时，她的父亲便已撒手人寰，因此丁玲知道的所有关于父亲的故事几乎全部来自传说。幼年丧父对任何人来说都是锥心之痛，而在父权社会，就更成了人生的第一次重大挫折。失去依傍的孤儿寡妇立刻成了汪洋中的一只小船，不得不在惊涛骇浪中苦苦挣扎。在这一点上，丁玲和她的父亲倒有着类似的命运，她的祖父去世时，她的父亲只有三岁。

丁玲的父亲蒋保黔，字浴岚，虽三岁丧父，但因为上有母亲、兄长，家世还未大衰落，所以还能过上衣食无忧的生活。蒋保黔颇得几分祖先遗风，少年聪慧，十几岁便考中了秀才。但因为很小就被关在书房里读书，缺乏亲人的照料，只与严厉的老师朝夕相处，这使他从身体到精神都十分脆弱。后来受维新思潮的影响，同时也想摆脱这个没有多少温暖却到处是陷阱的大家族，找一个可以痛痛快快呼吸的地方，学一些真正能济世救国的本领，蒋保黔与内弟结伴东渡日本学习法律，接受了一些西方文化。独在异乡为异客，天生孤独而懦弱的他忍受不了寂寞羁旅之苦，一年后因肺病发作，又退回到蒋家大院的围墙里，回到了原来的轨道上，在旧的行为惯性作用下心安理得或无可奈何地滑落、沉沦。在蒋保黔身上矛盾地交织着封建时代纨绔子弟和维新时期新派人物不同的性格特征：既不务正业、挥金如土、放荡不羁，又思想开明．意志薄弱、说多做少。

　　蒋保黔虽然是官僚后裔、富家子弟、秀才出身，但他对同阶级的人却没有什么兴趣，也找不到共同语言，反倒喜欢和下人们厮混在一起，抽烟、喝酒、聊天，做些兴之所至、轻松容易的事，像一个地道的田舍翁，过着平静而舒适的生活。他的慷慨大方，也招来了一大帮打秋风、吃白食的人，这些人怂恿他大肆挥霍，结果把一个殷实富足的家败落得七零八落。丁玲耳朵里听来的父亲就是一个潇洒的"败家子"形象。他依赖于封建大家庭的衣食供养，但精神上又常常离经叛道。他要妻子放足,在全家引起一场"地震",他也常常站在弱小的妻子一边,与封建大家族抗争。他偶尔也向妻子传播一些新思想、新观念,对办教育特别推崇,但他只是高谈阔论一番而已,绝想不到丁玲的母亲会身体力行。他因体弱多病而开始对医术感兴趣,便自学起来,最后还能给别人诊治。周围的穷人生了小病都爱找他,蒋保黔不但不取分文,还经常资助他们一些钱财。他为富却没有不仁,着实赢得了穷人们的敬重。每逢大灾之年穷人"吃大户",蒋家几乎是全县唯一幸免的一家。

关于父亲,丁玲听人讲得最多的是他买马赠马的故事。父亲像大多数封建时代的文人一样,也有着安邦定国的宏愿、行侠仗义的情怀,但面对现实又手无缚鸡之力,胸无应对之策。他需要一个寄托,他没有儿子和儿子代表的未来,也没有真正的朋友和朋友提供的天地,只有桀骜不驯、扬蹄飞奔的快马才能平复他心中难抑的苦闷,释放他血液中奔流的激情——虽然他根本就不会骑马。每次他花重金购得一匹宝马,都会把这匹马刷洗得干干净净,让它浑身的皮毛闪着缎子般的光泽,然后再为它专门打造一副昂贵的皮鞍铜镫。每天他都让年轻健壮的马夫骑上它表演一番,他则站在后面拍手叫好,高兴时还会跟在马后追着跑上一段。好马配好鞍,良将配骏马——这时,他看到的分明是一员猛将纵马飞奔、冲锋陷阵、为国杀敌的情景，而那员猛将就是他自己——平日意气消沉的他此时信马由缰地想着，感到一种无法替代的精神上的享受和满足。过路的人们无不好奇地看着，这更激起了他的自豪感。不管是谁，只要夸赞几句，他就引为知音，非要让人骑上马过一下瘾不可，要不就非要把马卖给人家。要是对方穷，出不起钱，他就索性一个子儿不要地送给人家。这个天上无缘无故掉下来的"大馅饼"常把人家吓得够呛。

丁玲对父亲的感情也像听了这个买马赠马的故事后一样复杂。她恨他没有尽到做父亲的责任，可又无法拒绝地继承了他浪漫洒脱、率性而为、开朗豪爽的性格。

四、人生第一个转折

1908年，明媚的春光、复苏的万物没有给身染沉疴的蒋保黔带来一线生机，他抛下了妻子、女儿还有一个未出世的儿子追随着冬天去了，同时也结束了妻子、儿女人生中的春天。在幼小的丁玲眼里，世界又变成了白雪覆盖的冬天——整个房间里，除了当中停放的一只漆黑的棺材外，屋顶梁间到处是白色的挽幛，就连自己身上也落满了冰冷的雪。白色的孝帽戴在头上，帽上缀着的三团白棉球不停地颤抖着，晃得眼前白茫茫一片。她情不自禁地用手脚踢蹬着，用哭声和泪水撕扯着，冲刷着。她只剩下了母亲，可母亲也哭得像一个正在融化的雪人。这情景在丁玲心里投下了永远无法抹去的阴影，成为她对故乡、对人生最早的记忆，也是一生中最恐怖的记忆之一。她在晚年的作品《死之歌》中曾写道：

> 我最害怕的是我国传统的、前头吊着三条棉花球的孝帽。我戴这样的孝帽的时候是三岁半，因为我父亲死了，家里人把我抱起来，给我穿上孝衣，戴上孝帽，那白色颤动的棉花球，就像是成团成团的白色的眼泪往下抛，因而给我的印象太深了。他们给我戴好那帽子后，就把我放在堂屋里。堂屋的墙壁上都挂着写满了字的白布，那就是孝联，也就是挽联。可我不懂，只看到白布上乱七八糟地画了很多东西。我的母亲也穿着一身粗麻布衣服，跪在一个长的黑盒子的后面；家里人把我放在母亲的身边。于是，我放声大哭。我不是哭我的命运，我那时根本不会理解到这是我一生命运的一个转折点；从此以后，我的命运就要和过去完全不同了。我觉得，我只是因那气氛而哭。后来，人们就把我抱开了。但那个印象，对我是深刻的，几十年后都不能忘记。
>
> ……………
>
> 父亲死了，我母亲就完了，我们也完了，我们

家的一切都完了。因此，在我有一点朦胧知识的时候，我对死就有很深的印象。死是这样可怕的啊！

然而悲惨的一切才刚刚开始。棺材还停在屋里，丧事还没办完，那些平日里帮着蒋保黔大把花钱的叔伯兄弟和骗吃骗喝的泼皮无赖们就上门讨债来了。以前从不管家事的余曼贞真不明白从哪儿欠下这么些个债。曾被视为亲族的人带头趁火打劫，这使她一下子从丧夫的剧痛和崩溃中清醒、振作起来，以前所未有的勇气面对自己的命运："有账的都来吧，我尽量还！"

蒋保黔死后，余曼贞带着一双儿女在黑胡子冲只苦苦支撑了一年，过着亲戚族人"风刀霜剑严相逼"的日子，最后不得不卖掉了大部分田产家当抵债，而剩余的钱又被族中的经手人以借为名克扣了不少。余曼贞更深刻地体会到一个被封建枷锁束缚的无依无靠的妇女在社会上的可怜地位。如果她丈夫不死，如果她有一个已经长大成人的儿子，或者她是一个男子，族人们哪里敢这样肆无忌惮地欺侮她们？她意识到这种坐吃山空的生活总有一天会过不下去的。她曾接受过的教育，她脑中原有的妇女解放的新思潮，她心目中最伟大的女性罗兰夫人的形象，不时撞击着她苦闷无助的心灵。就在这时，娘家弟弟的一封信，使她清晰地看到了自己的出路。她后来自述这段经历：

> 弟命人送信来，……并告社会上有先觉者欲强家国，首就提倡女学，因女师缺乏，特先开女子速成师范学校，定期两年毕业等语。闻后雄心陡起，我何不报名读书，与环境奋斗？自觉如绝处逢生，前途有一线之光明，决定将一切难关打破，一面复弟函嘱代报名，一面打主意。他们家习俗女子对外无丝毫权力，有事须告房族伯叔。于是去晤深晓事理之伯兄，申明事之轻重，不能顾小节失此时机，彼亦赞成。我清检后，正屋锁闭，托人照看。即携子女，一肩行李，凄然别此伤心之地，一路悲悲切切，奔返故里。

认准了，就一路走下去——丁玲个性中的坚定与执着多么像她的母亲啊！

蒋氏宗族竟然能同意余曼贞携蒋氏子女离去！这一定是因为余曼贞的决绝态度。或许他们也觉得这母女三人已被他们榨干了油水，留着也是负担。她们要自谋生路，岂不是件好事？

虽然黑胡子冲再没有什么可留恋的，但真要离开这里又让人伤感万分。丁玲在小说《母亲》中曾描写了此时余曼贞的心情：

> 曼贞这时，也正有着一种悲凉的浮世的感

觉。她毫无声息地偎在轿子里，任轿夫运着她到什么地方去，她只凝视着远方的天际线，或是转眼即逝的轿旁的景色，悲哀就在感觉中慢慢地深刻了起来，而一种力，大的忍耐的力也在她身上生长起来了。她如果要带着她的孩子们在这人生的旅途中向前去，就得不怕一切，尤其是不怕没有伴，没有帮助，没有一点同情，这正是最使她伤心，最容易毁伤一个人勇气的东西呵！

就在1909年丁玲母女三人两手空空离开黑胡子冲的时候，那些曾接受过蒋保黔不知多少恩惠的人却仍不肯放过她们。

那天，轿子才出城，就听得外面有人问：

"这可是蒋三爷家里的轿子？"

"停下，停下！"

丁玲从轿帘缝里看出去，是两个面目狰狞的本家叔叔。蒋保黔在世时，他们常到家里吃喝，那时遇上丁玲，总不免堆上一脸笑容。可蒋保黔过世后，他们立刻变得凶神恶煞，三番五次上门讨债，每次不得些好处是绝不肯走的。

"你欠的债还没还清呢，就想走？"

不到一岁的弟弟受了惊吓，大哭起来。只有四岁半的小丁玲赶忙哄他，竟忘了自己也在瑟瑟发抖。

"下来，下来。今天不还钱，就别想走！"

余曼贞坐在轿子里一动不动,以一种镇定而威严的声音说:

"所有的债我都还清了,现在我不欠任何人一分钱。谁要是以为我们孤儿寡妇的好欺负,想赖上我们,就请你们到公堂上去要。"

也许只有在这一刹那,余曼贞才真正地像一个有钱有势人家掌家的太太,令人望而生畏。

轿子又接着往前走了。丁玲看见早已在母亲眼睛里打转的泪水哗地倾泻下来,但母亲没有继续哭。她抱起弟弟,搂着丁玲,目光刚毅,看着前方。虽然轿帘挡住了视线,但母亲的目光似乎能穿透轿帘,穿透挡着路的一切。再没有人敢拦住轿子要钱了,她为母亲自豪。丁玲依在母亲身上沉沉睡去时,不知是否意识到她们将从此走向一种新的生活,迈上一条更加崎岖艰难的路途。但是这条路是母亲自己选择的。

远远抛在身后的森严的大宅院、热闹的大家族,这就是给了丁玲姓氏与创伤的家吗?环抱四周的美丽的武陵山,深情的澧水河,这就是给丁玲留下灰色记忆的多山多水的故乡吗?多山多水孕育了多情多义,多情多义潜埋着多灾多难,多灾多难生发出多愁多感。出生在动荡年代和没落家庭里的这个不受欢迎的女孩,似乎一来到人间便注定将要度过命运多舛的一生。

第二章
透明的篱笆墙

一、母亲和母亲的家

在中国现代文学史上,或许没有哪个作家受母亲的影响甚过丁玲的。没有母亲的培养,丁玲可能永远只是一个叫蒋冰之的出身于没落官僚家庭的小姐,甚至可能连姓名都不为人所知。

丁玲的母亲姓余,闺名曼贞,1878年生于湖南常德。位于洞庭湖畔、沅江下流的常德城历史悠久,古称武陵,就是陶渊明《桃花源记》描写的那个"世外桃源"所在地。

这里不仅有优美的自然风光,还有丰富的人文积淀——屈原流放的遗迹和纪念屈原的"招屈亭",司马相如立马停弦的"停弦渡",刘禹锡针砭时弊的诗文。在近代,常德又因为民主革命先行者宋教仁出生在这里,"两把菜刀闹革命"的贺龙在此进行过早期革命活动而带上了新时代的色彩。这里还是"吴蜀楚粤之会",因此经济要比丁玲的出生地临澧繁荣得多,风气也开放得多。

常德在江湖交汇处，虽有交通之便，却也有水灾之患。丁玲在《谈自己的创作》中对此曾有所记述。

> 人们经常说："常德虽好，久后成湖。"那里离洞庭湖很近。洞庭湖附近的好几个县，如华容等，都是沅江冲击下来的泥沙淤积而成的。沅江上游，地势很高，水流很急，每到春夏，就要涨水，一涨水，常德县城就像一个饭碗放在水中，城外一片汪洋，有时都和城墙一样高了，城内街巷都要用舟船往来。老百姓倾家荡产，灾黎遍地，乞丐成群，瘟疫疾病，接踵而来，因此，我对水灾后的惨象，从小印象很深。

丁玲的外祖父是常德县里的一个宿儒，桃李满天下，其中不乏中举、做官、发财的。但他自己连个举人都不是，直到五十二岁才经特科取士为"拔贡"，远赴云南做了太守。这一下，余家才真正发了起来，才真正成了常德的大户，才真正与临澧的蒋家门当户对起来。外祖父把"太守第"安在了当时有名的绅士区杨家牌坊。一进又一进的房子几乎有一条街长，高大的院墙超过了房顶，使人不敢仰视。家里的用人应有尽有，不要说满屋子的丫鬟、奶妈，就是轿夫、马夫、花匠都有一大堆。有些实在没人住的房子，余家就租给了耕种他们家田地的佃户。这样一来，余家的佃户都自觉高别人家佃户一头。

余曼贞小的时候，余家还算不得大富大贵，却也是小康之家。家里兄弟姐妹很多，她是最小的女儿，下面只有一个弟弟。在这种普通的书香门第家庭中，曼贞度过了一个幸福平静但又丰富多彩的童年。除了像别人家的女孩子一样学做针黹女红外，她也跟哥哥、弟弟一起在家塾中读书，还随姐姐们一起赋诗、作画、吹箫、下棋、看小说，接受了一些新思潮，这在当时实在是一件了不起的事。如果没有这样的经历，真难以想象她日后如何能独立挑起生活的重担，走上一条与旧式妇女截然不同的生活道路，从而掌握自己的命运。

如果不是蒋保黔的早逝，在时人看来，余曼贞的婚姻还是很幸福的——婆家是有钱有势的名门望族；丈夫知冷知热，夫妻相敬如宾，十分恩爱；家务事不劳她烦心，她尽可以过着百事不问、养尊处优的太平日子。但是只有余曼贞自己知道这桩婚姻有多么无奈。丁玲在《我母亲的生平》中写道：

> 她的婚姻生活是不幸的，从她口中知道，我父亲是一个多病、意志消沉、有才华、却没什么出息的大家子弟，甚至是一个败家子。我母亲寂寞惆怅、毫无希望地同他过了十年，父亲的早死，给她留下了无限困难和悲苦，但也解放了

她，使她可以从一个旧式的、三从四德的地主阶级的寄生虫变成一个自食其力的知识分子，一个具有民主思想，向往革命，热情教学的教育工作者。

即使蒋保黔不死，对余曼贞而言，他们的婚姻也是一种没有希望的婚姻。余曼贞的婚姻和她对这段婚姻的反省，对丁玲产生了深刻的影响，促使丁玲以后能够几次打破传统的婚姻观念，大胆地追求爱情，追求自己的人生目标。

在封建社会中，余曼贞也许还不算最不幸的。丈夫死后，她毕竟还有个娘家弟弟肯让她依靠，肯为她出主意，帮助她找到一条自立自强的路。

余曼贞的三弟（在封建社会，家里排行，男孩与女孩都是分开来排的，之所以叫三弟，是因为他是父亲的第三个儿子），人称"余三爷"，曾与余曼贞的丈夫蒋保黔一起赴日本留学，郎舅二人关系一直很好。后来蒋保黔半途而废回了家，而他却完成了学业。回国后，他完全成了一个新派人物。虽然他与蒋保黔走的路完全不同，但他们接受的新思潮是一样的——民之根本在教育，教育之根本在女学。于是他选择了教育兴国的道路。他先在城里的学校里教书，传播资产阶级民主思想和新兴的女权思想。但学校毕竟是人家的学校，并不能由着他的性子想教什么就教什么。于是他就和留洋的同学一块儿办起了一个女学堂。在家里,他也破除了一些残酷的封建习俗,坚决反对妻子给女儿裹小脚,而且不论男孩、女孩,都要上学念书,对孀居在家的姐姐想上女学堂也不反对。但他毕竟是半个身子被旧时代浸湿过的,所以一涉及最根本的问题时,他的人格立刻矛盾起来,他一向标榜的民主思想、女权思想立刻显得苍白无力了。

与只比自己小一岁却年轻有为、广有产业、事业得意的弟弟一比,余曼贞对自己悲哀的根源更清醒了。她与三弟本是一奶同胞,站在同一个起点上,只因为他们性别不同,就有了完全不同的命运。看着三弟,余曼贞走自立之路的决心更坚定了。她坚信,终有一天,她会和三弟一样拥有独立的人格,再也不用依附任何人,不仅有能力抚养自己的子女,受到别人的尊敬,还能够做一个对社会有用的人。余曼贞回到常德,不仅扭转了自己的命运,也改变了丁玲的一生。

二、像林黛玉一样

丁玲觉得临澧蒋家是《红楼梦》里贾府式的家庭,常德余家又何尝不是呢?

丁玲随母亲投奔外祖父家,其实此时外祖父母都已去世，这个家也只能称为舅舅家了。对余曼贞而言，父母家与兄弟家毕竟还是有区别的。余三奶奶嫁了个门当户对的余家，婆婆又死得早，所以嫁过来没几年就做了掌家太太。她对丁玲母女的到来，平日里倒没有太多的不满。因为那是丈夫的意思，毕竟他是一家之长，一切都是他说了算。她知道，丈夫与这个姑奶奶因为年龄差得最少，小时候在一起玩的时候最多，所以在兄弟姐妹中感情最好。而自己，一个知书达理的名门闺秀，总得有一个贤惠的名声才好。反正也有的是钱，不在乎添几张嘴，何况丁玲迟早是他们余家的媳妇，正好从小调教。再说了，多几个人来瞻仰她的优越与幸福——连自己嫁过门来本应该毕恭毕敬对待的、公公婆婆最宠爱的五姑奶奶都要来看她的脸色——这有什么不好呢？余三奶奶不一定比其他女人更庸俗、更狭隘、更刻薄，但她毕竟受那个时代的局限，怎能没有富贵人家掌家太太十足的架子和刁蛮习气呢？余三爷、余三奶奶对丁家三人平时还是比较客气、比较亲近的，但是一遇到什么事，立刻就分出了高低远近，这大概也是世间冷暖、人之常情。

　　但小丁玲哪里能理解这些，在她眼里只有那些不公平的事实。那些也许在成人看来已是司空见惯，相对她幼小的心灵来说却是太大太大了。她因而常常想，如果不是有母亲在，万事替她做主，可能她真的"成了一个贫苦的孤女"，她的命运一定还不如林黛玉。不管怎样，贾家的

"老祖宗"是贾母,还不是王夫人。她长大到能看小说时,《红楼梦》是赚她眼泪最多的书。生活环境使丁玲变成了感情丰富细腻、神经很敏感的女孩,她不爱多说话,似乎很爱哭,看小说时就常常哭。林黛玉哭她也哭,林黛玉不哭她还哭。紫鹃哭她也哭,即使什么事情都没有,她一个人躺在那儿也会突然哭起来。丁玲在很小的时候就能读懂有的人七老八十也不可能体会到的感情。

刚到余家时,余曼贞带着一双儿女与弟弟、弟媳住在一起,倒也其乐融融,相处和睦。小丁玲从一个没有同龄伙伴的冷清的家来到这样一个热闹的家里,立刻陷入一种兴奋的状态,就像她在小说《母亲》中所描绘的小菡一样。

虽说常常被表哥表弟们欺负得哭,连秋蝉①都气得躲在房里骂,她还是比在乡下时更高兴,因为这里热闹,有伴,表哥虽说打了她,她被秋蝉拖到后房里,不准出来玩儿,但是只消一刻儿,表哥又会拿了玩具或是糕点来找她。她又从表兄弟们那里学会了一些歌,她也教他们一些。她跟着他们在妈那里认字,听故事,她跟着他们,让迎春、秋蝉带着,溜到后花园里去玩,采一些花,又揉碎了,捉几个蝴蝶,又让它们飞

———————
①作者注:舅舅家的丫鬟。

了，又拣一些石子，堆成小屋，又看看缸里养的小金鱼，表哥伸手去捉，他把一条弄得快死了，迎春骂了表哥，还悄悄地打了他，吃晚饭的时候，表姐告了舅妈，迎春就挨了打。迎春背地里骂表姐，秋蝉也帮着骂，小菡觉得这些都有趣。

渐渐地，即使余三爷、余三奶奶对待寄住在家里的外甥、外甥女和自己的子女的态度从表面上看不出什么明显的区别，小丁玲还是能清楚地意识到自己和弟弟与他们的不同。表兄弟和表姐妹们穿的都是新的丝缎袍子，有许多新奇的玩具，而她和弟弟却总是一身早已穿旧了的衣服。他们想说就说，想笑就笑，闹翻了天也不怕，自己却不得不学得那么乖巧，从不与他们争什么，可是他们还是会欺负她。偶尔起了争执，母亲似乎也从不向着她。表姐见人就骄傲地显摆，说她爹答应她长大后要送她去留洋，而丁玲却没有未来，她的未来已被过世的外祖母订给了三舅的大儿子，那个经常欺负她的大表哥。对舅舅、舅妈，她也有了自己的看法。她觉得舅舅总是很威严，高不可及，连呼吸都表示出与凡人不一样的权威。舅妈呢，也仍然是好看、笑脸迎人、能干、和气，却又藏不住那使她害怕的冷淡的神情。虽然她还不到看懂这些人情冷暖的年龄，但环境早使她的神经变得非常纤细，变得有别于同龄的孩子了。有些事，别人以为她不懂或不会在意，可她却早往心里去了。虽然舅妈总是客气地款待着她，但她总觉得舅妈很难亲近。许多人都喜欢丁玲，夸她聪明、懂事，夸她长得好看、性格好，可是唯有舅妈那里很难讨好。但丁玲最反感和痛恨的还不是舅妈时不时流露出来的鄙夷神色，而是舅舅遇事时那种专制的态度，这一点在她年纪越长时体会就越深。

她最怕的是过年，过年本是小孩子最快乐的时候，却把她们与舅舅一家人的对比推向了极致。

要过新年了，除了丁玲姐弟俩，几乎所有亲戚的小孩都换上了新衣裳。而且他们还当面笑话丁玲的衣服和弟弟的黑细羽绫风帽。小丁玲当时就哭了，她怕别人看见了更要笑她，只好一个人躲到丫头房里哭。到晚上，她告诉了妈妈，说：

"妈！到过年时，弟弟还戴这顶风帽吗？"

"妈怎么不做顶像表妹那样的大红缎子绣花的给弟弟呢？那就不会给人笑了。"

母亲说父亲去世还不满三年，弟弟有孝在身，不能穿红戴绿。丁玲不死心，不是她不懂事，是那些缎子衣服托住的骄傲的脸太让人感到屈辱和气愤，她忍不住又问：

"妈，我也要穿孝服吗？"

靠着一点微薄积蓄抚养子女、负担学费的余曼贞能说什么呢？只能拿一些大人的话、说过不止一遍的话来安慰她，让她不要在衣着上与人家比，勉励她好好读书，告诉她在学问上比别人强才是真的强。没有学问，穿得再好也是个"绣花枕头大草包"。此外，余曼贞还能说什么呢？

过年是走亲串友的最好时节。亲戚们聚在一起没有不打牌的，但也并不是所有的人都可以在一起玩，牌桌也要分三六九等。能和余三爷一块儿打牌的当然都是亲戚朋友中有钱有势有地位的。而能和余三奶奶一桌的当然也是些有身份的太太小姐。余曼贞不爱打牌，但出于礼节，也不得不陪余三奶奶打几圈。小丁玲当然是和几个亲戚的孩子们一起由丫鬟们陪着玩儿。舅舅家的孩子可以随便到舅舅、舅妈的牌桌前围观，小丁玲带着弟弟也想看着母亲打牌，但她知道她们不能在那儿待很长时间，只能看几眼就走。

亲戚中有个堂表嫂，是余三爷的堂侄媳妇，五十岁的人了，因为家境不好，常要到余三爷家来打秋风，一年要住上几个月，特别是过年期间，她更是黏在余府里，成天就是想着法儿哄余三奶奶开心，趁着余三爷、余三奶奶在兴头上时捡点好处。因为她长得很难看，像猫似的，而她又惯会做出些怪模样来哗众取宠，所以余府上下都叫她"猫脸表嫂"。丁玲觉得她就像是进了大观园的刘姥姥。尽管"猫脸表嫂"比余三奶奶年长二十多岁，但余三奶奶从来不知道尊重她，只把她看成个特别能给人解闷儿的老妈子。余三奶奶高兴时，就把"猫脸表嫂"叫来，让她唱些词儿啊曲儿的，生旦净丑，要什么她就唱什么，有时三杯酒一盖脸，她还会走下席去，舞着衫袖做出角儿来，直到把人笑得肚子痛。丁玲虽然也跟着大家笑,却很同情她,同时又很看不起她的奴才相和没骨气。

其实,小丁玲感到自己和这个"猫脸表嫂"的处境并没有什么本质的区别。

> 等到一切都预备妥帖了,舅舅做了一个手势给强哥,于是强哥和毛弟就排排站在红毡前了,连同在前面的舅舅刚成一个品字。穿着水红百褶裙的舅妈就款步走到香几旁边,举起那黄杨木的磬锤来,锵的一下击着那铜磬,老余手上的炮仗便劈劈拍拍的放起来。强哥们也跪下了,慢慢的叩首。小菡经了这热闹的、严肃的景象,她分析不出她的郁郁来。她望到舅舅舅妈,心里就难过,她望到默然站在房门口的妈,简直想哭了。这年并不属于她,为什么她要陪人过年呢?她悄悄地走回自己的房,把头靠在床柱上只伤心。炮仗震天价响,她只想在炮仗声中大喊,大叫。一颗小小无愁的心,不知为什么却有点欲狂的情绪存在了。

这就是在大年三十晚上祭拜祖宗、敬谢天地、恭迎新年那本该最令人激动的时刻的写照。这时与余曼贞一样站在门口的还有丫鬟、用人。如果"猫脸表嫂"在,大概也是得站在门口吧。

余曼贞也觉得自己与这个家的关系越来越难处。以前会少离多,聚在一起时自然有说不完的亲热。现在成天在一起,这时间一长,难免有"马勺碰锅沿"的时候。每逢这时,余三奶奶就会不自觉地流露出一副"不管怎么说,这是我的家"的神情。这常常会刺伤余曼贞和小丁玲的自尊心。每当这时,她们又会想起黑胡子冲的老家来。那里虽然不好,到底是自己的家。可是,是自己的家又怎样,已经是一无所有了。这种有家难回的痛苦比寄人篱下更加深重。她们好不容易跳出了那个泥塘,没有理由自己再走回去。只有硬着头皮往前走,这种人在屋檐下的生活不过是她们不得不付出的代价而已。

好在余曼贞已经进了学堂,她把所有的希望寄托在求学上。丁玲在《我怎样飞向了自由的天地》中说余曼贞,"她的思想也不过要使我将来有谋取职业的本领,不至于在家里受气,和一个人应该为社会做一番事业"。也许在当时,余曼贞上学的想法还只限于前面一个目的吧。对余曼贞来说,求学就是求生。

但就是在学校里,顽固地存在于这个世界中的贫富差异也时时撞击着小丁玲的心。同上幼稚班的同学,有钱的都有轿子接送,甚至还有丫头陪着上课,随时伺候着。而丁玲却是每天和母亲一起步行上学。丁玲比母亲下课早,舅舅家的孩子让丫头接走了,她没有人接。即使舅舅家的丫头要接她一起回去,她也不愿意走,早点回到那个别人的家对她来说没有任何意义。没有玩伴,她只能坐在学校的沙地里、树影下枯等。在这漫长的等待中,她的脑子里都在想些什么呢?她的心漂到了哪里呢?有太多的时间供她遐想,也有太多不同于别人的感受供她细细咀嚼,慢慢回味。有时她回忆着母亲讲过的"水帘洞""托塔李天王"的故事,思索着平日目睹的事情、听来和书里看来的故事,会自言自语,扮演着各种各样的角色,与形形色色的人说话,精心地创作一个只属于自己的世界,在这个世界里,一切都是平等的。这种自编、自导、自演的"戏剧"常令丁玲陶醉,使她忘记了时间,忘记了积聚在她心里的本只属于成人的苦恼。

为了给丁玲姐弟一个比较清静、自由的环境,余曼贞想搬出去赁房单住。为此,她回了一趟黑胡子冲,把仅剩的一点儿家产和自己当年的嫁妆、首饰卖了,换了点钱以备读书、生活之用。但余三爷出于姐弟感情和余家的名誉,不同意她自立门户。但在余曼贞的一再坚持下,余三爷最后只好让步,同意余曼贞搬到后花园的三间房子里自己开伙单过。但是丁玲仍感觉无法摆脱横亘在她们与舅舅一家人之间的那道透明的篱笆墙。

三、随母漂泊求学

丁玲的一生可以说是漂泊的一生,坎坷的一生,她很少能在一个地方过很长时间的安定生活。她似乎有一颗渴望安定却又不得不四处漂泊的心,她在漂泊中寻找,在寻找中漂泊,然而似乎永远找不到一个停歇的地方。只要一停下来,那些流浪因子便会骚动起来,重新给她的血液中注入继续向前的勇气。正像瞿秋白所说的那样,"冰之是飞蛾扑火,不死不止"。

1910年秋,丁玲六岁那年,余曼贞进入常德女子师范学校求学,丁玲也跟着就读学校附设的幼稚园。余曼贞沿用夫姓,改掉了自己原来脂粉气很浓的名字,自命名为胜眉,字慕唐。其意思很明显,是景仰唐朝的武则天,要做一个巾帼不让须眉的女强者。余曼贞给丁玲取名"伟",给弟弟取名"大",是想他们不管是男子、女子都要做一个伟大的人。母女同校,当时在常德县城曾轰动一时,连自觉处处优越于余曼贞、处处胜余曼贞一头的余三奶奶都有些嫉妒,缠着余三爷不知是真是假地也闹着要上学。最后她还是留在了家里,这当然是余三爷不允。余三爷虽然不反对余曼贞读书,但余三奶奶毕竟是个家庭主妇,要是上了学堂,就得把一大家子的事扔给他,这怎么能行?其实实让余三奶奶去，她也未必吃得了那个苦。她现在已经有了一个好丈夫，自己可以坐享其成。像她这么有福气的女人，哪里用得着自己再去学什么。难不成放着掌家婆的位子不坐，真像丁玲的母亲那样苦熬苦奔几年去做个小学教员吗？

刚上常德女子师范学校时，余曼贞遇到了许多困难。一个大家闺秀、名门寡妇，在街上抛头露面，不知引来多少非议。而实际上，她却如此贫寒，没有哪一日不为明天担忧。还有她那一双小脚，当年丈夫也曾提出要她放足，当时自己还没今天这样的觉悟，结果在整个家族的反对下不了了之。放足像缠足一样痛苦，而余曼贞还要忍着这钻心之痛，不要体育教员的照顾，与年轻同学们一起列队出操、四处奔走……这一切没能使余曼贞退却，她有中国妇女传统的坚强、刚毅和忍耐精神，也有新女性的乐观、进取和远见。丁玲只要看一眼母亲，就会感到自己浑身充满了力量。在丁玲的一生中，丁玲觉得总是母亲在帮她。即使在丁玲到了母亲当时的年龄时，也依然是母亲帮她的多，而她很少能帮上母亲什么。母亲不仅是她的老师，也是她的朋友，更是她陷入绝境时的救星——一生都是如此。

在当时，女子到学校读书，不仅可以学到文化知识，为求职和未来经济上的独立奠定基础，而且那么多女子集体相处，也是对封建传统社会下妇女生活状态的重大突破。学校生活为过去封闭在小家庭中的孤陋寡闻的女性提供了开阔眼界、扩大交往的条件,可以让更多有知识的女性结识、交流,从而更全面、更深刻地了解社会、融入社会。余曼贞在常德女师学习的最大收获之一,就是认识了许多有思想、有知识、有抱负的同类,特别是认识了向警予。向警予不仅对余曼贞产生了很大影响,对丁玲走上革命道路也起到了重要作用。

当时已经三十二岁的余曼贞,在常德女师差不多是年龄最大的学生。她对那些同室学习的年轻女孩子们像大姐姐一样,经常关心照顾她们。而那些年轻女孩也把余曼贞看成自己的大姐,有什么话都爱和她说,有什么事都爱找她帮忙。所以才同学半年,余曼贞的家就成了她们经常聚会的场所。

1911年春天刚开学,重新回到学校的几个女生又约齐了来到余曼贞的家。这时候,余三爷家的花园里花开得正好,黄的迎春,粉的桃花,开得热热闹闹;栽在盆里的那些名贵花卉,颤颤巍巍地展露着她们娇贵的容颜;而树荫下、花径边一簇簇红的、白的野花,更是怡然自得地贡献着一点点馨香。七八个穿着朴素学生装的年轻女子在花间笑闹,人面桃花,莺歌燕舞,更让人感到春色满园,美不胜收。她们赏了一会儿花,就进了坐落在花园深处的书楼。她们把整个书楼都占了,不许别人上去。因为她们今天要做一件"大事"。原来她们今天来并不纯是为了聊天、赏花、游乐,而是要结拜姐妹。她们的仪式搞得还挺隆重正规,不输给男子结拜。她们模仿清代小说《镜花缘》中唐小山们结拜的程序,向天礼拜,分发兰谱。兰谱上印着烫金的花边和名字,上面写着结拜的誓词,大致是"誓愿同心协力,振奋女子志气,励志读书,在男女平等声中,图强获胜以达到教育救国的目的"。她们结拜的姐妹有七个人,大姐当然是余曼贞,小妹则是后来成为共产党妇女运动先驱和领袖的向警予。当时向警予只有十七岁,她给丁玲的印象是,相貌俊秀、端庄,虽然她在经常来找母亲的那些阿姨中是最小的,但却显得很老成,不苟言笑。余曼贞一直把小自己十六岁的向警予看成是自己的亲姐妹,因为向警予在家排行第九,就让丁玲称她"九姨"。余曼贞经常对丁玲说:"你应该向九姨学习。"

余曼贞上学才一年,便发生了辛亥革命。街上很乱,余曼贞担心住在学校里的向警予等几个女同学的安全,就把她们都接到了自己家里来住。这是丁玲有生以来遇到的第一次重大社会变革,它使这个一落地就注定要受封建压迫和束缚的七岁的女孩,从母亲和九姨她们的反应和议论中,第一次体会到了一种以前从未有过的痛苦和欢乐的感情。她以紧张、恐惧、期待的心情,倾听着县里考棚传来的枪声,倾听着起义者与驻军绿营火并的枪声。一些革命者倒下了,其中就有她一个姨父的兄弟。烈士的鲜血有如苦汁,浸透了周围亲戚的心,也刺痛了丁玲的心,她第一次尝到了这样一种痛苦。但当十月十日革命成功后的一天晚上，丁玲站在大人们身后，看着满街欢乐的、狂飙似的举着火把的人流和繁星似的灯笼，情不自禁地随着游行队伍奔腾跳跃，大声叫喊，第一次压抑不住要炸开来的心跳。小丁玲完全是被人们的情绪感染的。国家要独立，民族要解放，人民要自由，这些口号她并不能完全理解，但在她稚嫩的生命刚刚展开枝条时便打下了深深的烙印。从此，她背负着旧时代遗留下来的深重的伤痕和对革命新生活的憧憬，开始一天天地向上生长。

辛亥革命革了皇帝的"命"，却并未能革了封建制度的"命"。一年以后，常德似乎又疲倦了下来，女子师范学校热闹一阵后也办不下去了。虽然这时余曼贞已在常德、临澧出了名，临澧来人请她回去创办小学，余曼贞自食其力的梦想终于要实现了，但是现在，在她的同班同学向警予的带动下，她有了更高的目标。她要继续读书，她要为国家出力，同时也要为孩子们创造良好的读书条件，把他们培养成对国家有用的人。常德太小了，她要走出这个狭窄的空间，到外面的世界去闯闯。

1912年春，湖南先后成立了三所省立女子师范学校，湖南第一女子师范学校就设在长沙。余曼贞得知后，便筹措了一些钱，带着一儿一女，到长沙投考第一女师。丁玲也接着上幼稚园。孩子们不能跟着自己住校，只好寄居在姨家，这常使余曼贞牵肠挂肚。她们生活上十分困窘，连衣服被褥都不够用。好在向警予也考入了第一女师，看到余曼贞只有一床薄被，连褥子都没有，就经常抱着被子和她睡在一起，这使余曼贞常常从心底里感到温暖。而丁玲呢，更是一万倍地思念母亲。她与母亲还是第一次经历这么频繁的分离。但就是这样把生活降到最低水平，余曼贞的钱仍然只维持了一年。第二年春天，余曼贞不得不应聘去桃源县教书，把丁玲留在长沙继续读小学，并托付给好友向警予照顾。

离开母亲，小丁玲显得六神无主，觉得自己成了无根的飘萍。这时候表姐和表妹大概正在向舅舅、舅妈撒娇吧！而她很少有这样的福分。虽然她知道自己的母亲是天底下最伟大、最慈爱的母亲，但是母亲现在不在身边——如果现在让丁玲摔一跤，再疼她也不会想到哭，她会默默地爬起来，拍净身上的尘土，就像一切没有发生一样。

余曼贞在桃源的工作稳定下来后，把丁玲接了过去，在县立小学读书。母女俩有较多时间在一起，度过了一段平静安宁的生活。这时的丁玲求知欲开始旺盛起来，客居他乡又找不到许多书看，就成天缠着母亲讲故事。余曼贞除了爱讲法国大革命时期的女英雄罗兰夫人的故事外，又开始给丁玲反复讲新近流传开来的"鉴湖女侠"秋瑾的故事。每一次讲，余曼贞都会用不同的语言叙述，都会带上一种新的激情，使丁玲百听不厌，印象不断加深。丁玲在生活中、在作品里展现出的是女性的细腻，但她做起事来、与人相处时却有一种男人都比不上的刚强与豪爽——

在人生之路刚刚开始时,她心目中的楷模就是这样一些伟大的女性:母亲、罗兰夫人、秋瑾……

1915年,常德新建的县立女子高小邀请余曼贞去做舍监。这样丁玲便又跟着母亲回到了常德,在常德踏踏实实地住了三年。由于余曼贞做舍监要住在学校里,只好让接着上小学的丁玲仍寄住在舅舅家,连体弱多病的弟弟也被送进了寄宿小学。

三年中,余曼贞每周回来一次,丁玲与母亲在一起的时间比以前少多了,她不能再指望母亲为她讲故事。而且她也越发看不上表兄弟们,不愿与他们搅在一起胡闹。在这个家里,现在最吸引她的是外祖父的藏书楼。她一有时间就躲在里面读书、画画,从书中寻找现实中无法找到的答案,用画笔表达心中无法诉说的感受。后来读书、画画竟成了陪伴她一生的爱好,而笔更成了她表现这个世界、与这个世界对话的最有力的工具。她磕磕绊绊地读着《西游记》《封神演义》等古典小说,她很喜欢《水浒传》《七侠五义》里一个个充满豪侠气概的人物,在她所怨恨的父亲身上,让她觉得还有一点可爱和难忘之处的不就是那么一点慷慨侠气吗?她常常梦想自己变成一个侠女,惩罚那些欺负她们母女的人,帮助像舅舅家丫鬟那样的比她们更可怜的人。但最让她感兴趣的还是《红楼梦》和《聊斋志异》。因为《红楼梦》能和现实联系起来,她拿生活中的人与小说中的人物对照,看看谁像王熙凤,谁像林黛玉,谁像贾政"假正经",这使她十分开心。而《聊斋志异》中那些美丽善良的狐仙、花精的故事常常使她流下泪来,而她们最终使坏人受到处罚又使她觉得十分解恨,非常高兴。丁玲还接触了许多当时非常流行的西方文学作品,最喜欢的是《块肉余生记》和《十字军英雄略》。她在感情上与可怜的孤儿大卫产生了强烈的共鸣,而那些追求正义和爱情的勇敢的英雄则是她历来就佩服的。对舅舅订的《小说月报》《小说大观》等文学书刊,丁玲更是爱不释手,这使她有机会接触到最新的文学作品和思想潮流。她希望有一天,也能把母亲的故事、把自己的故事写成小说,写得像这些书刊一样让人笑了哭,哭了笑,难以忘怀。

1918年春,丁玲的弟弟蒋宗大患了肺炎,因住在学校,没有得到及时治疗,才十岁便离开了人间。这对多年来三人相依为命的余曼贞和丁玲的打击可想而知。而且,在封建社会,儿子是寡妇唯一的未来和依靠,娘家兄弟则是姐妹们的精神支柱和保护神。当年父亲去世时如果没有留下这么个儿子,丁玲母女的命运可能会更惨。

亲戚们不知道怎样劝慰余曼贞,一个姨妈说:要是冰之死了也好,怎么偏偏是外甥死了呢?这话使正在痛哭的丁玲一下子呆住了,像被什么东西噎住了似的。她不知道怎样描述当时的心情。她爱弟弟,宁愿替他去死,可是她们怎么可以这么说呢?她想起父亲因为她"又是个丫头",

没有给她应有的疼爱;她想起母亲没了丈夫后立刻就有人上门欺负她们;她想起因为自己是女孩,就要遵守舅舅家的那些规矩,甚至连最受舅舅宠爱的表姐也没有资格和表哥们站在一排祭祖……

儿子的死使余曼贞老来有靠的幻想破灭了。但她没有垮下去,而是变得更加坚强了。在以后的岁月中,余曼贞把全部心血都洒在了丁玲身上和自己热爱的教育事业上。

四、桃源女师的"珍珠"

这年夏天,丁玲小学毕业。余曼贞希望丁玲能上最好的中学,但又舍不得她离开太远,最后她们选定投考桃源第二女子师范学校预科班。这是湖南省三所公立女师之一,是由桃源县上香冲人宋教仁创办的,吸引了当时大批进步青年。它与长沙第一女师一样,不仅教育水平较高,而且由政府提供经费,学生除交十元保证金以外,一切食宿、书籍、纸张都不用自己花钱,这正适合丁玲的情况。余曼贞把十四岁的丁玲送到桃源,托付给学校的管理员,并留下一枚金戒指,说要是考上了,她如果有钱就送来换这枚戒指,如果没钱就让他把这戒指卖了付保证金,有多的就给丁玲做零花钱,然后当天就返回了常德。因为在常德,余曼贞还有好多事要做。那里有她和同道者一手创办的"妇女俭德会",有让更多穷人家的女孩子也能读书的平民工读女校。后来,为了这个学校,她甚至谢绝了县立女校校长的诚恳挽留,放弃了高薪教职,一门心思扑在这个为平民女儿办的"寒碜"的小学校上。她不是一个婆婆妈妈、悲悲切切的女人,也不希望丁玲是,她要丁玲做一个"男人样的女人"。她觉得做女人自立是最重要的,而这一点应该从小就灌输给丁玲,从小就培养她坚强独立的个性。

丁玲从来没见过这么新奇漂亮的校舍。所有的建筑都是日式风格,不仅有教室,还有礼堂、操场。寝室正临沅江,只要一推开窗子,流动的风景便会涌进屋来。虽然备考时间只有一个月,但别人看来她是一点都不着急,她自己也很自信。因为从小母亲就教她背古诗词,从她七岁开始读书起,余曼贞就在课外亲自教她读《古文观止》《论语》《孟子》,后来丁玲又看了不知多少古典小说等书籍,小学时,在班里就经常考头名,所以她要比同龄的女孩子懂得多多了。而且刚离开舅舅那笼子一般的家,又来到了这么宽阔的天地之间,丁玲的心里快乐得像有一群鸽子在飞翔,哪有多少心思闷头苦读。她要敞开怀抱,尽情地拥抱这全新的自由的生活。她常常这样,在寝室的窗口一站就是半天,从疏疏密密的树影中看沅江上过往的帆船,听船工唱着号子。拉纤的、撑篙的船夫都爱唱,那歌声伴着滔滔江水和软软的江风飘到窗前,让她感到既神往,又舒畅。

果然，丁玲又是以第一名的成绩通过了入学考试。那位管理员给了丁玲三块多钱，叮嘱她不要乱花，说她母亲生活很艰苦。丁玲从来没有拿过这么多的钱，她捏着这三块多钱，想着她们母女相依为命的困苦生活，眼圈红了。她小心地把钱放在小木箱子里，用换洗衣服压着，放在床下，只在寒假回家时才用了几角钱做路费。

这位著名的女作家当年似乎什么都爱好，特别贪玩儿，但由于她基础好，学来不费力，几乎门门功课都是百分，只有作文和写字经常只有八十分。如果是最喜欢的算术，哪怕只扣了两分得个九十八，她都会伤心难过，可对这么低的作文分数倒无所谓似的。因为她的同学们写作文时常抄范文，所以文章条理清晰，字句通顺，而她却不愿抄书，还经常偏离老师的要求。丁玲喜欢用自己的话写自己的思想，想的东西多，联想丰富，文章就显得拉杂重叠，不合规范，所以得分低。但老师还是很喜欢她的文章，常在文章后加很长的批语，让那些得百分的同学羡慕得不得了。

丁玲的作文虽然很少有机会被摆到玻璃柜里展览，但她的画却是那里的"常客"。有些同学常常找她代画，丁玲很愿意，画了一张又一张，而且每张画都故意画得有点不同，好让老师看不出来。有时玻璃柜里一字排开的七八张画虽然署名不同，却都是出自丁玲的手笔，每次都让丁玲暗自感到得意和好笑。小孩子总是这样的，什么老是受表扬，就觉得自己喜欢什么，丁玲也是一样，那时她对画画的兴趣自然高过了作文。

丁玲不仅功课好，还特别喜欢唱歌等文艺表演和体育活动。每天全校做操时或运动会上，都是她带操喊口令。丁玲是一个早熟的孩子，十分懂事，也非常聪慧，特别是那一双乌黑的圆圆的大眼睛总是闪着活泼热情的光芒。在周围老师同学眼里，她是一个情感单纯、外向的女孩，很爱笑、很快乐，在她白净的有着珍珠光泽的圆圆的脸上，笑容不知什么时候会灿然绽放，且久久不会散去，好像一颗石子投进池塘，生出一圈圈的涟漪，没有谁能抗拒这种魅力。丁玲被老师和同学视作学校里的一颗珍珠。从没有得到过这么多人宠爱的丁玲觉得，这世界上似乎再也没有什么不满意的事了，只除了一件事，就是她自小订下的婚姻，而且是要嫁到舅舅家。她厌恶痛恨那个家，万分不愿在他家做媳妇，把自己的一生埋葬在那个坟墓似的家里。在那里，她从来没有过归属感，做梦都想飞出去，可是她没有翅膀，实在不知道该怎样摆脱这个时时纠缠着她的梦魇。每次一想到这里她就想不下去了，她只能逃避，把这件事暂时忘掉。但这件事在她幼小的心灵中，却像一根扎得太深的刺，即使在快乐的时候，那疼痛也会突然袭来，使丁玲有一种要痛晕过去的感觉。

丁玲多想生出一双翅膀，多想有人能赐予她一双翅膀啊！以前她以为母亲能，可是母亲也不能。"好风凭借力，送我上青云",曹雪芹借宝钗之笔写出的这两句诗时时敲打着她,她在心灵深处不禁发出带血的呼喊——谁能让我变成一只鸟?谁能让我在天空中自由地飞翔?

五、"五四"春风

春水如蓝,桃花如雨,丁玲和同学们吟诗踏青,尽情享受着在桃源女师度过的第一个春天。春光易逝,转眼间已到"桃花红过李花白,鹅黄褪尽柳丝长"的暮春初夏时节,丁玲和同学们正想收收心开始一心一意认真读书的时候,一声"春雷"响彻在中国大地的上空——辛亥革命后,这片天空已经沉闷得太久了,连这偏于一隅的"世外桃源"也浸透在随之而来的一场"春雨"之中。这是丁玲生命中的第一声"春雷",为她打开了一扇通往广阔天地的"生命之门"。

在中国近现代人民革命运动史上,湖南这块地方有着特殊的重要地位,涌现出了一大批革命领袖,发生了一系列重大事件,是近现代人民革命运动的摇篮之一。五四运动在北京爆发后,湖南全省立刻响应,出现了许多在全国颇有影响的进步团体和进步刊物。

"五四"如一阵春风也吹皱了桃源女师这一池平静的春水,学校内部开始了一场新旧思想的较量。学生们自发组织起来上街游行,一路高呼"惩办卖国贼""取消二十一条"等口号,表达爱国激情。对这一切,丁玲开始觉得很茫然,不知道她们为什么那么激动。跟在后面参加了一些活动后,她渐渐地有了一个思想,这就是不能当"亡国奴"。五四运动使丁玲开始从完全沉浸于个人痛苦转向关心国家的命运和更多人的痛苦,正如她后来这样说的:从过去"读书只是为了个人的成就,可以独立生活,可以避免寄人篱下,可以重振家声、出人头地的浅陋的思想境界,提高到应以天下为己任,要出人民于水火,济国家于贫困,要为中华祖国挣脱几千年来的封建枷锁和摆脱百年来半殖民地的地位"。当时,许多年轻人都像丁玲一样,虽然没赶上直接参加五四运动,只是在"五四"浪潮的后边努力跟着,只是受到了"五四"春风的吹拂,但却不自觉地受到了强烈的震动,被五四运动的浪潮卷着向前冲去。

女学生们还组成宣讲队、检查组,宣扬爱国主义,坚决抵制日货。为了唤醒被压迫在社会最底层的劳动妇女,她们开办了贫民夜校,向附近的贫苦妇女宣传反帝反封建思想,传授文化知识。丁玲在夜校里教珠算。由于她年龄最小,个子比讲台高不了多少,学生们都叫她"崽崽先生"。

学校里也经常举行辩论会,讨论妇女问题、社会问题。女学生们的激进言论得到了同学们的一致拥护,而大多数守旧的教员却嗤之以鼻。有一次讨论到妇女剪发问题,守旧的教员们以一些陈词滥调坚决反对,双方对峙起来。这时高年级的两位女同学登上讲台与守旧教员们展开了激烈的辩论,并当场剪掉了辫子。挤在人群中观看的丁玲从来没有这么激动和兴奋过。她真羡慕、真佩服这两个口才雄辩、敢作敢为的女同学,恨不得自己也能跳上台去,跟她们站在一起。她们就是王淑璠(王剑虹)和杨代诚(王一知),后来都成了中国早期妇女运动的风云人物。这些高年级女同学,有些成了丁玲的好友,她们对丁玲的影响无疑是深远的。丁玲后来在《我怎样飞向了自由的天地》中写道:

> 这一群同学在当时是我的指路明灯,她们唤起我对社会的不满,灌输给我许多问号,她们本身虽没有给我以满意的答复,却使我有追求真理的萌芽。

那次辩论会后,丁玲也不假思索地跟一些同学一起剪掉了辫子。剪辫子不过是几根头发丝的事,在当时却成了一件大逆不道的事。剪了发的同学被视为"妖孽",受尽了辱骂嘲笑,就连最喜爱丁玲的彭校长见了丁玲也直摇头,但丁玲和王淑璠、杨代诚她们一样,对这一切"昂然处之"。

丁玲暑假回到家里,余三爷、余三奶奶一见这个外甥女、未来的儿媳妇剪了发，立刻怒火冲天。余三爷哼了一声："哼！你真会玩儿，连个尾巴都玩掉了！"

余三奶奶也冷冷地说："身体发肤，受之父母，不可毁伤。"

经过"五四"洗礼的丁玲已不像过去那样温顺了，她毫不犹豫、毫无畏惧地冲着自己的舅舅说：

"你的尾巴不是早已玩儿掉了吗？你既然能剪发在前，我为什么不能剪发在后！"

她又转向舅妈质问道："既然'身体发肤，受之父母，不可毁伤'，那你的耳朵为什么要穿一个眼，你的脚为什么要裹得像个粽子？你那是束缚，我这是解放！"

余三爷、余三奶奶又吃惊、又生气，俩人眼睛瞪得大大的，真想动手打眼前这个狂妄的、目无尊长的小丫头。可这个小丫头目前毕竟还不是自己的儿媳妇，而且看着她义正词严的样子，他们就先气馁了，只好眼见着头发短翘翘的丁玲凯旋般扬长而去。

这个暑假，丁玲随母亲住在母亲的好友蒋毅仁家里，过了一个月的舒服日子。母女相见，都有欣喜的发现。最让丁玲高兴的是，母女俩在五四运动这个问题上竟然意见一致。丁玲与母亲谈到了转学问题，她想上长沙周南女子中学。这是湖南的一所名校，在五四运动中十分出名，校长朱剑凡正好是余曼贞就读长沙第一女师时的校长。而母亲在第一女师的同学陶斯咏是个新学家，现在正担任周南女中的管理员。向警予、蔡畅也都是这所学校出来的。余曼贞也一心想让丁玲读周南女中,她认为,"一个人要为社会做事首先得改革这个社会,如何改革这个社会是今天必求的学问"。而一般的师范中学的课程,不能解决这个问题。唯一使她为难的是,周南女中是自费,而自己又只有微薄的薪金。经过考虑,余曼贞还是决定支持丁玲,并亲自送她去长沙。

到长沙的当天晚上,学校就对丁玲进行了插班生考试。丁玲走进考场,发现只有她一个考生,不免感到惊奇和紧张。主考老师是中学二年级的语文老师陈启民,又名陈书农。考试题目为"试述来考之经过"。这一次,丁玲又没按题目要求做,没有写经过,而是写了她对周南女中的希望,表达了她是为求新知而来,要为国家而读书、要寻找救国之路的志愿。她碰到了一个真正的好老师,他非但没有给她一个不合格,还非常关心地问她过去的学习情况,对她十分欣赏。

然而周南女中并不像丁玲憧憬的那样完美。她的同学都是从小学一块儿升上来的,彼此十分稔熟,常把她这个新来的排斥在外。丁玲又是小城市来的,那些省城的人对她总有一种城里人对乡下人惯有的歧视。不独同学如此,就连老师也不例外。她最讨厌的是数学老师,他欺软怕硬,对丁玲非常冷淡,深深挫伤了这个十五岁少女的自尊心。倔强的丁玲怎么会向这种人屈服呢?一来二去,丁玲对这门原来最喜欢的课程也失去了兴趣,常常在他的课上看小说。老师知道后,自然对丁玲免不了一通暴风雨般的批评。唯一让丁玲感觉安慰的是语文老师陈启民对她很好。陈启民与毛泽东曾经是同学,是新民学会会员,思想比较进步。他认为从丁玲写的东西能看出《红楼梦》的笔法,他很欣赏丁玲写作上的才华,有意想培养她向文学方面发展。陈启民常借书给丁玲看,如《二十年目睹之怪现状》《饮冰室合集》《上下古今谈》等,希望她写的文章能更加雄浑。他还常把自己划上红圈的一些报纸文章和消息给丁玲读,并把周作人、胡适、康白情、陈独秀和法国文学家都德等人的文章和作品介绍给她,使她了解到许多省内外的重要社会动向,培养起了丁玲对革命思想与文学的兴趣。在他的鼓励下,丁玲一个学期就写了三本作文、五薄本日记。他还把丁玲写的两首白话小诗拿到报上发表。结果丁玲成了班里的"八大文豪"之一。那些自视高人一等的同学经常以此对丁玲明里推崇,暗中奚落。但丁玲对她们的态度早已无所谓了,她们讽刺挖苦也好,吹捧推崇也好,都不能改变文学给她带来的快乐。这些乐趣使丁玲后来在社会上四处碰壁、无路可走时,会想起用一支笔来写出心中的不平和对社会的反抗,揭露统治阶级的黑暗。

到周南女中以后,丁玲也参加了一些学生运动。特别是在刚进周南女中时,五四运动尚未退潮,学生们仍把很多精力放在社会活动上,喜欢以《新青年》上的文章为教材谈论问题，谈得最多的就是反对一切封建制度。"五四"之后，社会上兴起了一股复旧逆流，很多人迷失了方向，就连原来思想很先进的校长朱剑凡在办学方针上也发生了倒退，反对学生参加社会活动，并用一些"两耳不闻窗外事，一心只读圣贤书"的老先生替换了宣扬"五四"精神、深受学生爱戴的年轻老师。朱剑凡当然想不到，历史潮流是无法阻挡的。一些年后，他自己也参加了大革命，而他的子女中有好几个更是跑到了延安，他最小的女儿朱仲丽还成了中国共产党领导人王稼祥的妻子。1921年夏，陈启民等老师因为思想先进被解职，丁玲的语文课换了一位"冬烘"先生。此后，在这个学校里，再也没有人引导丁玲读那些有意思的书了，再也没有人表扬她、鼓励她了。

学生们起来反对，也没什么效果。因为周南女中是私立中学，校址就是朱家的花园。丁玲无奈，只好盼着挨到学期末再说。此后她更是沉湎于小说之中，百无聊赖地打发着孤寂的日子。所幸的是，她找到了一个同样爱好文学的同学，这就是她这一时期最好的朋友朱绍芳。

朱绍芳的处境和她一样，也只有母亲，但似乎精神上更不幸。由于母亲罹患精神疾病，家里一切就由她的兄弟做主。朱绍芳非常聪明，感觉敏锐。她常为丁玲吟诵宋人词曲，更偏爱李后主、李清照的词。她们两人经常坐在学校的石桥边，朦胧的月光，汩汩的流水，伴着悠扬的低吟，都令丁玲如醉如痴。有人觉得朱绍芳是孤芳自赏，但丁玲知道她是不愿与流俗为伍，也不愿在人前显示自己，班上几乎无人知道她的才华。朱绍芳只愿向丁玲吐露自己孤独凄苦的身世，倾泻她对文学作品的评论与欣赏。丁玲觉得朱绍芳很有见地，但就是太悲观，心里好像有多少载不动的愁似的，而一般人却感觉不出来。从外表看，朱绍芳像是一个不太有心计、憨直而冷漠的姑娘。这与丁玲的性格大相径庭，但她们却能互相理解。星期天，丁玲常常在朱绍芳家的卧室里度过半天，看一点小说，读几首诗，谈谈别人或个人的性情，偶尔也听几张唱片，大半是梅兰芳的《天女散花》《黛玉葬花》。这半天，她们常常是在这种对文艺的享受中，静静地等待着时光的流逝。

暑假期间，湖南省立第一师范学校的进步学生和老师在毛泽东等人的支持下，在船山书院举办了一期暑期补习班。丁玲也参加了，与杨开慧和其堂妹成为同学。丁玲到这时才对这个伟大的同乡毛泽东有了一些间接的了解。后来，岳云中学开始招收女生，这在湖南还是一个创举。丁玲立刻决定转到岳云中学去读书，一起去的还有许文煊、周毓明、杨开慧、杨没累、徐潜和她以前在周南女中的同学王佩琼等人。开学没多久，丁玲就发现同学中有好几个都在自由恋爱，有的则是通过自由恋爱结的婚。她又想起了扎在她心上的那根刺。以前，她只知道疼，不知道怎样医治这疼。现在，这些身边的榜样启发了她，她终于发现了一条可以摆脱痛苦的路。

岳云中学功课比较重，特别是英文课，完全用英语讲课，而且是用《人类如何战胜自然》这本书当教材，根本没有个循序渐进一说。因此，丁玲读闲书的时间少了，大部分时间都用在了功课上。可是这些课程依然解答不了丁玲心中的问题：读书是为什么？前途在哪里？丁玲常常为此苦闷、彷徨，感觉心中有一种力又开始膨胀起来，使自己坐不住、停不住，一个劲儿地想往远处跑，想往高处飞。

六、挣断婚姻枷锁

1922年寒假，丁玲回常德看母亲。这时不到18岁的丁玲显得更成熟、更自信了。她一回到家就以在长沙学到的新思想为武器，向封建的繁文缛节做斗争，并公开地指责舅舅等有钱人的腐化生活。恰在这时，她在桃源女师认识而且佩服的王剑虹来到了她家。王剑虹的母亲早逝，父亲娶了姨太太后，她不愿再待在家里，就跑到湖南来投奔姑表亲戚，并与堂姑一起在桃源女师上学。王剑虹的表姐和堂姑都是余曼贞的学生，她们经常来看望老师，王剑虹也就常随她们一起来。这次王剑虹和堂姑王醒予就是特意从上海来看望余曼贞的。

以前在桃源女师，丁玲没多少机会与比她高几级的王剑虹在一起。那时候，在丁玲眼里，以美丽闻名全校的王剑虹像一枝带刺的玫瑰，总是昂首出入，一双智慧、锐利、坚定的大眼睛目不旁视，一脸严肃，显得十分高傲。丁玲自己也是一个自尊心很强的人，所以每次遇见都是擦肩而过，从不打招呼。但暗地里丁玲还是很关注王剑虹的，总觉得她一定是一个思想不俗的人。果然，五四运动爆发后，王剑虹一下子成了学生领袖，特别是她口若悬河、随机应变的辩才，常使那些学识渊博却头脑顽固的老师们瞠目结舌。她像一团烈火，一把利剑，一支无所畏惧、勇往直前的队伍的尖兵，征服了丁玲的心，但丁玲还是没有主动去接近这个浑身是刺的人。这次见面有较多时间相处，谈起社会革命，谈到文学和理想，二人才感觉一见如故，几乎到了无话不谈的地步。

王剑虹是富家之女，老家在四川，父亲曾担任孙中山广州国民政府秘书。没有母亲的家庭生活，将她的童年和少年时代笼罩在孤独的阴影中，使她的性格中明显地带有独立、孤傲和敏感的特点。她外表冷若冰霜，内心却十分火热。她在上海与李达、王会悟等人关系亲密，经常在报上发表富有战斗精神的反封建文章，并以文笔犀利、尖锐著称。她在中国共产党主办的、王会悟任主要负责人的《妇女声》第一期上发表了一篇文章，题为《女权运动的中心应移到第四阶级》，用阶级的观点分析了中国社会的妇女地位问题，即使现在看来也有着现实意义。她在这篇文章中说：

> 在男性中心的社会里，女子是没有地位可言的。结婚是女子谋生的手段。女子地位的高下，全靠结婚的机会好坏来决定的。做官太太，做穷妇人，都没有一定，只看结婚的机会怎样？但是，社会的制度，把女子陷在做奴隶的，毫无觉悟的地位。有一类女子，因为父母的庇荫，得了好的结婚的机会，嫁给了官僚或资本家，伊们就居然逞起官太太或财主太太的威风，压迫和虐待无产的妇女。有些因为父兄的庇荫，得了受教育或出洋留学的机会，得了结婚的好资格，伊们就居然装起上流妇女神圣庄严的态度，欺凌、蔑视无知识的妇女。

她主张有觉悟的妇女应该组织团体，加入无产阶级革命军的前线，努力反抗一切掠夺和压迫，从根本上去改造社会，建设自由平等的、男女协同的社会，完结这段不合人生原理的、可耻的、要求解放的历史，才算达到目的。

当丁玲把自己包办婚姻的苦恼和对岳云中学的失望告诉王剑虹时，王剑虹极力支持她废除这种封建婚姻，并说服她随自己去上海，到陈独秀、李达等人开办的平民女校去读书。丁玲早就想到一个更遥远的、更光明的地方去寻找人生的意义和理想,王剑虹的话对她是莫大的鼓舞。丁玲和大表哥从小一起玩到大,小时候虽然也打架,但大了以后,丁玲对他倒并无多少反感,反觉得他有许多可爱之处。可是她实在无法忍受他那个像贾府一样的家,实在无法想象在这样一个家里做媳妇。所以,关于解除婚约,她想先和表哥谈谈,如果他同意,就和他一起去说。可是表哥却总是害羞地躲着她。一个男子还没有她这个姑娘开通大方,丁玲觉得好没意思,这样的男子能有什么出息?于是她毫不犹豫地让母亲去退婚。丁玲的想法,余曼贞非常支持,却遭到了余三爷的严厉反对,并当着众人的面呵斥丁玲,丁玲毫不示弱地与他争吵起来。

丁玲十分气愤,一时不知道如何发泄她的满腔怨恨。这时她想起了笔,想起了这可资利用的唯一的武器。丁玲从小就看不惯的舅舅的那些劣迹霎时浮现在眼前,而她平时读到的那些反封建文章中的新鲜词句也涌现在脑海里,她奋笔疾书,一气呵成,看了一遍就立刻投给了常德的《国民日报》。

编辑一看是指名道姓骂本城里非常有名望而且是以新派人物著称的绅士,就压下了没发。丁玲和王剑虹等了几天见文章还没有登出来,就找到报馆,威胁说要投到上海的《国民日报》上,还要写文章揭露常德的《国民日报》是土豪劣绅的报纸。最后文章是登出来了,却隐去了真实姓名,余三爷的名字用"***"代替,丁玲的名字也变成了"□□□"。但是这件外甥女骂舅舅的事还是不胫而走,弄得整个城里家喻户晓。余三爷自然是暴跳如雷,可也没有什么办法,经过一番激烈斗争,最后只好同意解除丁玲与儿子的婚约。也许他是真被丁玲弄怕了,要是真娶这么一个儿媳妇进门,还不得把自己活活气死。

丁玲胜利了!她用她的思想和勇气赢得了这场反封建斗争的胜利。她用一支笔和一张纸砸断了束缚着她的铁链。她觉得自己再也不是一个贫穷柔弱的孤女,而是一个手里拿着武器的女战士。丁玲第一次认识到笔和纸的力量,第一次看到了笔和纸是怎么样变成刀与剑的。

丁玲自由了!她告诉自己要不顾一切地向前飞,飞到一个广阔的、自由的天地,让舅舅那样的人、让那些封建的枷锁在远远的后面咆哮、哀吟吧!

第三章

自由的天空

一、换了一个人

挣脱纠缠在身上和心上的枷锁,放弃了即将到手的中学毕业文凭,暂别了刻骨铭心的母爱,不到十八岁的丁玲,这个在澧水、沅江中还不时呛一口水的少女,勇敢地跃入了波涛汹涌的母亲河长江,从此,让长江的呼吸变成自己的呼吸,让长江的心跳变成自己的心跳,让长江水把自己送到梦想的地方。此时的丁玲满怀着对天空的憧憬,心中像有一百只鸽子在飞,有一万朵花儿怒放。

1922年元宵节前后,丁玲随王剑虹到了上海,进了平民女子学校。这所学校坐落在法租界南成都路辅德里632号A。这是一幢简陋的两楼两底的房屋。楼上两间是教室,楼下两间堂屋里铺了张供缝纫用的大案板,后边放了几台织袜机,好让家庭困难的女学生们半工半读。这所学校是共产党成立后创办的第一所培养妇女干部的学校,学员不多,只有二十人,所以只分了高等班、初等班,丁玲、王剑虹、王醒予、杨代诚、周敦祜等一起从湖南来的六个人都被分在了高级班。她们六个人在生活上实行"共产主义",把从家里带来的钱凑到一起,交给王醒予管理,过得十分融洽。

学校的课程设置不太正规,主要是一些马列主义、政治经济学以及俄国苏维埃革命等政治理论课。但是师资力量却非常强,学校里的老师既是有影响的早期共产党人,又是进步知识分子,大多还是当时很有名望的学者。

丁玲听过陈独秀讲的数学、高语罕讲的语文、邵力子讲的古典文学、李达讲的唯物辩证法、陈望道讲的《共产党宣言》,还有茅盾教的英语。不用说学什么,单是和这些《新青年》上经常出现的人相识、相处,就足令当时的进步青年满足以至羡慕了。丁玲一迈入社会就能接触到这些让她景仰已久的中国文化界的精英人物,这对她日后从事文学创作和投身无产阶级革命事业都是一个较高的起点。

新文化运动以后,反封建思想带起了一种废姓废名的时尚。中国现代文学史上著名作家冯文炳干脆就以"废名"作为他的笔名,不知道是不是就是这种想法。在单纯而狂热的年轻人看来,反封建就是要与封建家庭断绝一切联系,要不一切都反了,仍顶着个封建家庭的姓氏,就像贴了个阶级的标签,只有连姓氏都废了,反封建才算完全彻底了。丁玲也是这样,把"蒋"字去掉,直接以母亲给起的乳名"冰之"为名。她的两个好朋友也就成了"剑虹""一知"。丁玲虽然外表和行事有些男子做派，但内心却十分女性化，感情纤细而天真，所以她不太喜欢母亲给起的学名"伟"，曾试着改成"玮"，但改了形却改不了音，听起来还是一样，最终她仍不满意，倒是乳名更符合她当时的性格和心态，更能表达她心底的情感和追求。

可是周围的大多数人还是习惯性地问："贵姓？仙乡何处？父母大人安好？"就是后来，丁玲进入上海大学时，报名填表也被问到了同样的问题。这使丁玲她们不胜其烦。丁玲痛恨那个给她带来凄苦童年的封建官宦之家，父亲的姓氏和那个笔画很多很难写的"蒋"字，给她的似乎只有怨恨与耻辱。她也不愿姓母亲娘家的姓，因为那是在她眼里虚伪、凶狠的舅舅的姓。丁玲要做一个全新的人，一个完全属于她自己的人，一个没有背景的人。于是她们几个都拣了个笔画少的字当姓，有的干脆连名字也改了。她们找了本字典，随便翻开，碰到哪个字就用哪个字当名字，丁玲翻到了"玲"字，于是这个世界上少了个"蒋冰之"，中国现代文学史上却多了个"丁玲"。不少人都猜测"丁玲"这个清脆响亮的名字的由来，谁能想到这两个字居然是"踏破铁鞋无觅处，得来全不费工夫"，本身一点儿特别的含义都没有。不过，与她相熟的人似乎还是习惯叫她"冰之"。

二、信什么主义

平民女子学校的马列主义理论课程很多,丁玲虽然勉力去学,但她毕竟才十八岁,又没有什么社会阅历,加之一些早期共产主义者也是才接触马列主义,正面临与中国实践相结合的问题,所以教者难免有"现趸现卖"之嫌,而学者更是生吞活剥、狼吞虎咽。面对这些高深的理论,丁玲真有点儿"消化不良"。相比之下,她倒是更热衷于参加学校里组织的社会实践活动。

学校的活动总是与当时的社会形势紧密结合着。上海发生工人大罢工,学生们就背上竹筒沿街为罢工工人募捐。为提高工人的觉悟,她们就分头到浦东纱厂向女工们讲演;爱国人士庞人铨、黄爱被湖南军阀杀害,各地都为他们举行追悼会,她们也去参加。朝鲜国王李熙不愿接受日本帝国主义的殖民统治,流亡到上海,不久绝食而死,以示不甘受辱,很多中国人都参加了他的葬礼,以示对弱小民族的同情和对日本帝国主义的愤慨。丁玲她们在邵力子先生带领下也走在送葬的队伍中。看到国王的妻子、儿子神情恍惚地坐在一辆马车上,丁玲忽然想起了父亲死时,她戴的那顶有三个白色棉花球在眼前颤动的孝帽,想起了失去父亲以后她们母女俩受到的歧视与欺凌,想起了

"五四"时她跟在游行队伍中高喊"决不做亡国奴"的情景。眼前不就是一个失去父亲保护的儿子,一个失去祖国的亡国之君吗?这就是一个亡国者的悲惨下场。一股凉气混合着悲哀与义愤的感情,一起涌上丁玲的心头,搅得她的心一阵阵疼痛。①

20世纪20年代初是一个"主义"流行的时代,以至于"五四"时期著名人物胡适都站出来说"少谈些'主义',多研究些问题"。当时与马列主义思潮并驾齐驱、在青年中有广泛影响的是无政府主义。受封建思想、封建礼教压迫最深同时也最具反抗力的青年,最容易被巴枯宁、克鲁泡特金的著作迷住。丁玲那个时候也很具反抗精神,而且只要不符合自己的理想,不管是谁,她都敢说"不"。李达让她管理学生集体钱款,她断然拒绝说:"我到上海就是奔着自由来的,自由就是别人不要来管我,我也不想管别人。"丁玲的同学中有不少人非常推崇无政府主义。一个姓周的同学见丁玲一副无拘无束、我行我素的样子,显得很"无政府",就把她看成了"发展对象",常借给她看一些宣传无政府主义的小册子,而且还带丁玲参观由其男友负责的无政府组织。对于无政府主义的理论,丁玲感到枯燥乏味,但她很想知道无政府主义者是怎样在中国实践无政府主义的。丁玲站在这位无政府主义者凌乱、肮脏

---

① 编者按:此处对李熙事件的描述转引自丁玲《我景仰的邵力子先生》一文,但李熙于1919年1月离世,此处丁玲的记忆与史实有偏差。

的房间里，看着周君男友居高临下、目空一切的丑态，突然产生一种可笑可厌的感觉。既然是无政府，又何必还要组织呢？组织不就是为了限制个人的行为，以维护整体的利益吗？各干各的不就得了？那才是百分之百的无政府主义呢！丁玲丝毫不讲情面的讥讽使周君的男友十分尴尬。

有了这一次的比较，丁玲觉得似乎还是马列主义更可取。特别是听了马克思主义理论家李汉俊关于马克思生平与思想的报告后，丁玲完全为马克思丰富的精神世界、渊博的知识、伟大的胸怀和动人的爱情故事倾倒。丁玲对直白的说教有一种本能的"迟钝"和排斥，但对感性的、形象的东西却有一种天赋般的异常敏锐的感受力。她用美丽的大眼睛摄取到的世界，似乎直接落在了心上，根本就无须经过大脑的处理，因为她是用心来思考和感受人间万物的，而不是用脑细胞来掂量和丈量这个世界的。所以，她没有从马克思主义中发现什么特别有吸引力的东西，却发现了一个人，一个真正的人，一个让她对他的"主义""爱屋及乌"的人。文学创作与政治理论毕竟属于两个不同的世界，而丁玲命中注定就该生活在文学创作的世界，就该做一个小说家，一个非常有个性、纯粹的小说家。只有在文学与形象的世界中，丁玲才是真情毕露、才华横溢、游刃有余的丁玲，而当她天真地试图横跨政治理论领域时，倒可能会成为一个边缘人，或是一个不得不戴着枷锁在火中舞蹈的人。

三、在平民女校的收获

平民女校的老师有不少是年轻的单身男子，看到王剑虹、丁玲这些风华正茂、才气逼人、性情浪漫的新女性，难免情有所动，心生向往。他们常常借故泡在女学生们的宿舍里聊天，或邀请女学生们出去吃饭、游玩。他们满口免费散发的东西让人听着不知所云，都是些绕着脖子转几圈的新名词，可两眼里藏藏掖掖的却让人一目了然，无非是"窈窕淑女，君子好逑"的老把戏。丁玲是个心如明镜而且敢作敢为的女孩子，最不喜欢虚伪做作、畏畏缩缩的做派，因此这些假充正经的男子着实令她厌烦。他们居然也是共产党员？丁玲觉得不可思议，很是失望，有时忍不住就和同住的王剑虹议论几句。

"原来并不是每个共产党员都像马克思本人一样，可是他们与马克思差得也太远了。"

"冰妹，信佛者未必人人皆佛，信马克思主义的人当然也不可能人人都和马克思一样崇高。"

丁玲不会不懂这个道理，但她依然希望所有的共产党员都能够像马克思那样。

"哎，说实话，你会爱上一个什么样的人？"两人开始说起悄悄话。

"我也不知道,反正不是我表哥那种人,也不是'烂板凳'那种人,更不会是刚才咱们说的那种假模假式的人。虹姊,你呢?"

"我不知道,也许和……唉,真说不清楚。"自幼丧母的王剑虹内心深处对至亲的感情有一种强烈的渴望,可是她的生长环境和孤傲个性又使她走向了极端,变得对软弱的廉价的感情十分蔑视。在感情问题上,她十分矛盾,正像她自己取的名字——剑虹。以美丽闻名的她对众多的追求者心如止水,不屑一顾,像一把冰冷的宝剑发着寒光。但对丁玲,她却像亲姐姐一样关怀备至,同时又对丁玲充满了信赖和依恋。在丁玲眼里,王剑虹就像是一道绚丽夺目的彩虹,美丽、热情而又神秘。

"什么叫'说不清楚'?别吞吞吐吐的,真急死人了。"

"冰之,我看你是得找一个比你更痛快的人,与其让他把你气死,不如让你把他气死。"

"又说我,还是说你自己吧!"

"好好好,看来要是不胡诌几句,今天我就别想睡觉了。可是,我真的没想过。现在想想,我想我还是比较容易接受有思想的人。那些到咱们这里来的人只会夸夸其谈,貌似高深,其实他们还不如'柯怪'呢,倒还显得诚实一点。"

"我也有同感。其实有些事想想也挺有意思。柯庆施也真够怪的,坐下就不肯走,我还真担心他会把咱们的板凳坐烂了。听他讲话吧,也讲不出什么有趣的来,简直耽误咱们的时间,烦起来我真恨不得赶紧轰他走,只是不太好意思。要是他跟那种贼眉鼠眼一会儿想追这个一会想追那个的人一样也行,咱们也能狠下心,可他又不是,真让人没脾气。"

"这倒没错。他知道咱们背后叫他'柯怪'和'烂板凳',却从来不生气,要说肚量也真够大的。"

"也许是咱们太刻薄了。"

"哟,冰妹,你也有心软知错的时候啊!这可还不是你爱的呢,要是……"

"我才不会爱上什么人呢。我要永远和你在一起,我们一起读书,一起做许许多多有意义的事。你呢,虹姊,你会不会因为爱上别的什么男子而和我分开?"

"怎么会!我不相信女子非要依靠男子才能生活。新女性应该彻底摆脱来自家庭、来自男子的压迫和束缚,过一种独立自主的新生活。"

"虹姊,你说得太好了。让我们女子互相帮助,靠我们自己的力量生活。我母亲就是一个榜样。"

两个人经常是这样越谈越兴奋,越谈越投机。在平民女校的生活就这样在她们一夜一夜的交谈中过去了。也许可以这样说,丁玲在平民女校最大的收获就是与改变了她生活道路的王剑虹结下了深厚的友谊。

她们学习得越多,就越想多学习。渐渐地,平民女校简单的课程已难以满足她们的求知欲,而那种简单的革命宣传也与她们的人生理想相距甚远。她们失望,她们寻找,但她们充满了自信,对自己,对未来:

> 但现实总是残酷的。我们碰到许多人,观察过许多人,我们自我斗争,但我们对当时的平民女校总感到不满,我们决定自己学习,自己遨游世界,不管它是天堂或是地狱。当我们把钱用光,我们可以去纱厂当女工,当家庭教师,或者当用人,当卖花人,但一定要按照自己的理想去读书,去生活,自己安排自己在世界上所占的位置。

丁玲在《我所认识的瞿秋白同志》中是这样写的,她们的确也是这样做的。当现实不再符合她们的理想时,她们会毫不犹豫地抛弃,并勇敢地面对新的挑战,这就是她们的性格。

1922年上学期末,王剑虹和丁玲决定从只上了半年的平民女校退学,自己学习,专心去读她们喜欢的鲁迅、郭沫若及其他新文学家的作品。

然而现实比她们想象的更为残酷。丁玲以为她可以去当小学教员,当家庭教师,但她没有文凭,也没有门路,有的只是"一个陌生女子"的身份。她们也想过去当女工,当女用,但人家从头到脚将她们打量一遍后,就找个什么理由把她们礼貌地打发了。因为即使她们穿上女工的衣服,学着像女工们那样粗声大嗓地说话,她们的举止、气质和说出来的话怎么也不像个女工。或许人家会以为她们是从大户人家跑出来的小姐,不知什么时候家里的人就会找上门来。当时这种事很多,谁愿意去惹麻烦?她们也想或许她们可以去做一些"革命工作",但仍然是"此路不通"。

最使丁玲感到痛苦的是,在上海这个十里洋场,在20世纪20年代初那个纸醉金迷的时代,女人的形象与地位并没有什么本质的改变。在大多数人眼里,女人要想"正经",就得在家里待着,做个大门不出、二门不迈的"闺秀",然后等着让父母之命、媒妁之言把自己变成一个相夫教子的贤妻良母。如果女子想要走出家门,在男人堆里工作,那最好在装扮和味道上都能向四马路上的"野鸡"看齐。那些口口声声支持女性解放的男子是决然不肯让他们的妻女打扮成这个样子的,但对其他人的妻女倒不介意,而且从心里这样要求。所以,女子如果没有令男子赏心悦目的脂粉气,若要再有一点连男子也未必有的"大丈夫气概",不把"革命"当成一种时尚,不是只停留在涂着口红的樱唇上,不把政治看成上天专门赐予男性的专利,不愿只在男子指导下、在男子力量不足时被利用一下,而是真的想革命,真的想拥有政治、经济平等的话,那么,人家看这个女子时用的就不再是欣赏的目光,也不仅是看稀奇的目光，他们会用一种带着恐惧和恶意的目光来盯着她，好像这个女人抢了他们的饭碗又打了他们一记耳光似的。

虽然丁玲对社会有了今天看来也依然十分深刻的认识，但她们却没有对生活失去希望，因为她们相信自己的理想没有错，相信这个世界上一定会有通往她们的理想的道路。上海找不到，可以去南京，去北京，甚至去巴黎……反正她们是要继续向前走，继续往高飞。理想给这两个年轻女孩以无穷的勇气和坚强的翅膀，她们像两个冒险家一样，向国民政府所在地南京飞去。

四、结识瞿秋白

1922年夏末，丁玲与王剑虹结伴到了南京。初到南京，这座"虎踞龙盘"的六朝古都给她们带来了无限的新奇与快乐。她们徜徉在明孝陵、栖霞山，泛舟于玄武湖、莫愁湖，踯躅于鸡鸣古刹、六朝石刻、明宫遗址……这些自然风光、名胜古迹使她们暂时忘记了生活中的苦恼。那时，她们生活得十分节俭，去哪里都是徒步，她们从没买过鱼肉，更没有尝过冰激凌，做衣服也是买最便宜的一角钱一尺的布，但她们觉得这种生活十分有趣味，有生气。其实她们并不是没有经济来源，只不过是因为她们不想依靠家里供养，又想多买些书。

但没过多久她们就发现南京也不过是"新瓶子装的旧酒"，虽没有上海那种恶俗之气，却古板守旧得多。她们刚来南京时住在一家学生公寓，就因为像男人一样穿长裤而被房东当成"坏女人"赶了出来。因为当时南京的女大学生们剪了发，"钗"是不用了，但"裙"还保留着。丁玲和王剑虹穿长裤，不仅那些岁数大的看不惯，就是同龄的女学生也对她们侧目而视。

等新鲜劲儿一过，能玩的地方也都玩遍了，丁玲和王剑虹就不爱出门了。她们弄了一团毛线打了拆，拆了打，无聊地打发着时光。这一年多，用丁玲后来的话说，就是抱着不切实际的幻想，过着东游西荡的生活，现实中无所寄托，精神上十分苦闷。虽然她们在1922年阳历年底各自回了家，但1923年四五月间，她们又都回来了。她们从没想过要去别的地方，她们无所事事地留在南京，好像在等什么，又不知道到底在等什么，只感觉似乎有什么需要她们这样等待。

丁玲和王剑虹等来的第一个人是"烂板凳"柯庆施，这倒让她们意料不到。虽然她们一直都不喜欢这个人，但他乡遇故知总是人生幸事。柯庆施听王剑虹和丁玲说来南京快一年了，还没有去过南京郊区的灵谷寺，就雇了一辆马车，请她们一起去玩。

接着柯庆施又带施存统来看她们。施存统在她们眼里还算是个不错的人，因为同她们一起去上海的好朋友王一知就嫁给了他。施存统告诉她们，他和一知已经有了一个女儿。这使丁玲她们十分高兴，不免回忆起一些温馨而惆怅的往事。

大约已是8月下旬，柯庆施和施存统又带来了一个陌生人。这个人瘦长个儿，戴一副圆圆的散光眼镜，着一身蓝粗布工装，说一口南方官话，见面时话不多，但很机警。当可以说一两句俏皮话时，他也能不动声色地渲染几句，让人挺高兴。特别是他那目光，总是不惊动人地静静地飘过来，有一种难得的沉稳、自信和成熟。丁玲和王剑虹第一面见他就觉得他肯定是中国共产党员。她们没猜错，这个人的确是个出色的共产党员，他就是刚从苏联回来的共产党早期领导人瞿秋白。当时，中国社会主义青年团第二次全国代表大会正在南京东南大学举行，瞿秋白是作为共产国际的代表来参加会议的。

后来，瞿秋白又来过一次，给丁玲和王剑虹她们讲了许多苏联的故事，这些都非常对她们的胃口。丁玲她们在平民女校时也曾听另一个从苏联回来的教师讲过苏联的情况，但他根本没法与瞿秋白比。在丁玲她们看来，这两个老师，前一个像瞎子摸象，后一个像熟练的厨师剥笋。当瞿秋白知道她们读过一些托尔斯泰、普希金、高尔基的书时，他的话就更多了，从音乐讲到文学，完全把她们俩吸引住了。连一向嘴不饶人的王剑虹也改变了对异性的尖刻态度，很安静地听他讲着。而他也以极大的兴趣倾听她们的理想，同情她们的苦恼，赞赏她们的追求，并帮助她们思考未来。瞿秋白有很高的文学修养，也很喜欢文学，看到她们在文学上很有天赋，就建议她们去上海大学上中文系，不仅可以系统地学习文学知识和理论，还可以认识一些文学上有修养的人，并学习到一点社会主义知识和理论。他告诉她们，上海大学是当时少有的一所男女兼收的学校，校长是国民党元老于右任。这所大学的性质与平民女校不同，它提倡学术自由，并不强迫学生入党，学生可以自由听课，自由选择。

喜欢自由的丁玲和王剑虹听了瞿秋白的建议，立刻动了心，特别是听说瞿秋白也在这所大学里教书，更使她们不再犹豫。1923年下半年，两个女"自由人"结束了在南京的"自修游学"生活，重新回到了才离开一年的上海。

五、上海大学的旁听生

那时人们的文凭意识似乎很淡，为了能自由地听课，丁玲和王剑虹进了上海大学后，并没有去注册做个正式生，而只是做了文学系的旁听生。

上海大学位于极为偏僻的青云路青云里，当时被人讥为"弄堂大学"。校舍是一幢幢旧的、不结实的弄堂房子，究竟有多大，丁玲在那里住了半年也没搞清楚，这并不是因为它们特别大，而是因为它们特别普通，根本引不起人们的注意。后来到了寒假，学校迁到西摩路，才有了大学的样子。

刚进上海大学时，丁玲和王剑虹住在一楼一底的小亭子间里。楼上楼下住着同校的上海女生。丁玲、王剑虹与这些上海小姐完全是两类人，她们谁也看不惯谁，所以见了面大多只是点个头而已。

有一个上海女生特别漂亮，大家都叫她"校花"。丁玲一直觉得身边人中剑虹是最美丽的，可现在居然还有比剑虹更漂亮的，这引起了她的好奇。可是一交谈，丁玲才发现她们根本没有共同语言，而且这个上海小姐与剑虹的美根本无法比。

"你有爱人了吗？"那个女生问刚认识的丁玲。

"没有。"丁玲想不到她没说上三句话就开始问这种问题，有些脸红。

"什么？"她睁大了眼睛，然后挺直了腰，扬着尖削的下巴，自做聪明地说，"那你一定是独身主义者了？"

"不是。"丁玲看着她那副自以为是的样子，感到有些厌烦。

"什么？"她的眼睛又睁得大大的。在丁玲看来这是一双毫无灵气的眼睛，不像剑虹的眼睛充满了智慧。

"我从来没有想过这个问题,而且现在也不打算去想。"丁玲耐心地回答。

"什么?"她努力把眼睛睁到最大,很夸张地表示着她的惊讶,好像突然发现自己是在跟一个乡巴佬或是一个傻子说话,立刻换成了上海腔:

"吾伲上海怎么还能有侬这样的傻子?侬无毛病吧?"

那个女生带着一脸不屑,转身离去。丁玲望着她那风摆杨柳似的背影,想起小时候母亲说的"绣花枕头大草包",忍不住哈哈大笑,但同时也有一丝淡淡的失望和怅惘的情绪萦绕在心头。她觉得上海这种地方虽然新潮,却不免俗气,很难再找到像剑虹这样的同龄好友,或许这个世界上,能让自己敬佩又与自己合得来的只有剑虹了。

上海大学里有不少学生团体,学校也经常组织各种政治性很强的实践活动,很希望她们这样的"前辈"参与,尤其是剑虹,光她的名字就具有一定的号召力。但也许是受瞿秋白的影响,她们此时的兴趣已发生了很大变化,似乎完全集中在了学业和文学上。但她们的天性没有变,血液中的反抗因子并没有减少,因此还是不能完完全全做一个循规蹈矩的"乖女生",经常有一些反流俗的行为。

有许多女生上大学是为了得到一个文凭做嫁妆,抬高身价,或找一个如意郎君,所以她们总是打扮得花枝招展,像彩色故事片。与这些女学生相比,丁玲她们俩穿着最朴素的阴丹士林布做的衣服,留着清汤挂面似的短发,无新闻，无故事，十足是一部无声黑白纪录片。但她们却生活得自信而流畅，像清浅闪亮的小溪。她们虽然穿得简朴，但她们却舍得到上海的高消费场所"大世界"买位置和角度最好的包厢，尽情地欣赏梅兰芳、欧阳予倩的戏。对周围油头粉面、珠光宝气的绅男仕女频频投来的非常复杂的目光，她们不屑一顾。王剑虹小声对丁玲说：

"让他们看吧。他们原本也不是来看戏的。他们来这里只是为了显示身份、地位和财富，不过是坐在台下的不需要什么演技的演员，等着被其他观众欣赏而已。而我们才是真正来欣赏艺术的。"

丁玲也感到这个世界上的确有这样的怪事，不懂艺术甚至反艺术的人反而有条件"欣赏"艺术、"赞助"艺术。可想而知，艺术和艺术家落在这些人手里会是什么样的下场。但是丁玲绝对想不到，这个世界上关于艺术与社会、艺术与人的关系中也许还有更怪的事，而这些怪事还偏偏在几十年后让她给赶上了。

这一段时间，丁玲和剑虹对戏剧很着迷。她们远离了学生们的生活舞台，只对艺术舞台上发生的事感兴趣。这年冬天，学校组织一次演剧活动，几个女生争演剧中的主角——一个小姐，而两个丫头却没人肯演。虽然这些青年女学生多少也都受过"五四"反封建思想的熏陶，却没能完全破除社会等级观念，不管自己是不是小姐，却都很羡慕做小姐的，希望自己也能做小姐，对丫头则从心里就看不起。丁玲和王剑虹听说后,便自告奋勇出演两个人人以为卑贱的丫头,以表明她们对现实的态度。这是她们第一次登台演出,好朋友瞿秋白、施存统和王一知都去看了演出。她们的戏虽然不多,但两个人都很投入,她们本来就很有艺术天赋,平时又耳濡目染,所以演出十分成功。或许正是这一次演出,在丁玲的心中留下了一个做演员的梦想。

六、靠近文学殿堂

在上海大学学习期间,让丁玲受益最大的还是比较系统的文学教育。虽然上海大学的校长是国民党员于右任,但他只是挂个名,主持校务的还是共产党员,如邓中夏任总务长,瞿秋白任教务长兼任社会学系主任、教授,陈望道任中国文学系主任。尽管这所学校的最终目的还是为了培养革命干部,但课程设置比较合理,像所正规大学,尤其是中文系,教员水平、名望都很高,而且不像平民女校的教员经常迟到、缺课。这个学校的老师既有当时国共两党的高级领导人,也有著名的文人学者,如李大钊、蔡和森、张太雷、萧楚女、恽代英、戴季陶、汪精卫、吴稚晖、叶楚伧、杨杏佛、郭沫若、胡适、邵力子、田汉、俞平伯、茅盾、周建人、施存统、洪野等人,都先后在校任教或开办过专题讲座。这些人里,不少人在中国现代革命史上留下了熠熠生辉的名字,也有人被永远地钉在了历史的耻辱柱上。

在所有的课程里,丁玲最喜欢的是茅盾讲的《奥德赛》《伊利亚特》。这些远古的、异族的极为离奇又极为美丽的故事,她以前接触得很少。这些故事使丁玲产生了许多幻想,促使她翻阅了大量欧洲的历史、地理和文学,然后再与中国的远古故事进行比较,其中的相同与不同常令她大为惊叹。不过,对茅盾本人,丁玲觉得他虽然很会讲故事,却不太会接近学生,也很少与学生交流。丁玲是一个内心很高傲的人,即使面对她尊敬的人、喜爱的人,如果不能平等地相处,她也不会主动去接近他。所以那时丁玲与后来一直关注她文学创作的茅盾先生在课外并没有什么交往。

其实,茅盾对这个女生并不是一点没注意到,很多年后,他回忆起这段时间的丁玲印象还很深,因为丁玲那时在课上总是很沉默,这与她平时的个性反差很大。

原来就喜欢旧诗词的王剑虹最喜欢的是俞平伯讲的宋词,对他的白话诗倒没有兴趣。丁玲也觉得俞平伯很会讲旧诗词,她曾十分生动地描写过他讲课的样子:

  俞平伯先生每次上课,全神贯注于他的讲解,他摇头晃脑,手舞足蹈,口沫四溅,在深度的近视眼镜里，极有情致地左右环顾。他的确沉醉在那些"独倚望江楼，过尽千帆皆不是……"既深情又蕴蓄的词句之中，他的神情并不使人生厌，而是感染人的。

其他老师也都是很有名望的文学名家。田汉讲西洋诗，陈望道讲古文，邵力子讲《易经》，但因为他们要么不太会讲课，要么口音很重，听起来费劲，所以都没给丁玲留下太深的印象。

在所有这些人里，丁玲觉得最好的老师还是瞿秋白。因为他不仅是她学业上的导师，也是生活中的朋友和兄长。瞿秋白几乎每天下课都来找丁玲和王剑虹，用他睿智的言谈给她们的小亭子间带来欢乐：

> 他谈话的面很宽，他讲希腊、罗马，讲文艺复兴，也讲唐宋元明。他不但讲死人，而且也讲活人。他不是对小孩讲故事，对学生讲书，而是把我们当作同游者，一同游历上下古今，东南西北。我常怀疑他为什么不在文学系教书而在社会科学系教书？他在那里讲哲学，哲学是什么呢？是很深奥的吧？他一定精通哲学！但他不同我们讲哲学，只讲文学，讲社会生活，讲社会生活中的形形色色。后来，他为了帮助我们能很快懂得

普希金的语言的美丽,他教我们读俄文的普希金的诗。他的教法很特别,稍学字母拼音后,就直接读原文的诗,在诗句中讲文法,讲变格,讲俄文用语的特点,讲普希金用词的美丽。为了读一首诗,我们得读二百多个生字,得记熟许多文法。但这二百多个生字、文法,由于诗,就好像完全吃进去了。当我们读了三、四首诗后,我们自己简直以为已经掌握了俄文了。

丁玲和王剑虹当时虽然猜想瞿秋白是共产党员,但却不知道他在党内的地位。当时中共对社会学系非常重视,认为这个系与社会的联系更为紧密,更有实践价值,所以才委任瞿秋白这种高级干部兼任这一看似平常的职务。瞿秋白为投身到中国大众的解放事业,不惜背离本阶级的利益,但他骨子里的书卷气和那种超凡脱俗的诗人气质以及对文学艺术的钟爱,却没有因激烈、危险、复杂的政治斗争而消磨。他之所以并不把革命强加于丁玲与王剑虹,而是鼓励她们按照自己的爱好学习文学,大概也正是对自己牺牲爱好的一种心理补偿。所以能与两个纯洁、聪明、有才气又很有文学天赋的女孩聊聊文学、艺术,对于经常处于精神高度紧张状态的他也是一种莫大的快乐和安慰。

七、当了一次红娘

自从离开相依为命的母亲,跟王剑虹一同踏上离开常德的船,丁玲似乎从没有想过这一生会离开王剑虹,而王剑虹自从与丁玲从上海漂流到南京,也没有想过能有什么力量可以把她们两个分开——别说是什么人,即使是死亡也不可能。但是世界上的事就是这样,有时候死亡做不到的,爱却能够做到。

1923年冬天的一个傍晚,丁玲、王剑虹还有住在他们隔壁的施存统夫妇与瞿秋白一起去宋教仁公园散步赏月。年龄最小的丁玲自顾自玩得很高兴,而瞿秋白却不似往日那样谈笑风生,他显得很沉默,有些忧郁的样子。后来施存统建议回家,丁玲她们就回来了。到家才发现施存统和瞿秋白没回来,她们猜想他们是从另一条路走了,可不知道为什么他们连个招呼也不打。

第二天瞿秋白没有像平时一样下课后准时到丁玲、王剑虹住的小亭子间来"报到"。第三天,丁玲在施存统家倒遇见了他,可是一向潇潇洒洒的瞿秋白却显得很不自然,丁玲一转身的功夫,他已经走了。施存统忍不住对丁玲说:

"你觉没觉得最近秋白有点不对劲?"

"没有啊。"丁玲摇摇头说,"你觉得有什么地方不对吗?那你有没有问过他?"

"我问了。果然,他是害了'相思病'了。"

"真的吗?爱上谁了?"丁玲一听笑了起来,觉得那么老成的瞿秋白也会害相思病真是件有趣的事。

"我也问了。可他死活不肯说,逼急了只说'你猜猜'。我哪里猜得到。"施存统说着,显出一副愁眉苦脸的样子。

"啊,我知道了!"丁玲故作恍然大悟状,几乎吓了施存统一跳。丁玲十分顽皮,她知道施存统是个老实人,就想逗他一下:

"哎呀,你这也看不出吗?他连我们那里都没有时间去,却在你这里坐着,这不是很明显吗?"

丁玲见施存统一头雾水的样子,又故作神秘地低声说:

"他一定是爱上你老婆了。一知可是很惹人爱的,要不我们几个人中,怎么她第一个被人抢走了?你这次遇到对手了,小心点儿吧!"丁玲故意用一种带点威胁的口吻说。

这完全出乎施存统的意料,他一时竟想不出说什么好,只是翻着诧异的眼睛盯着丁玲。而这时丁玲早笑着跑开了。

丁玲开心极了,一回到她们的亭子间,就忙不迭地把这一切都告诉了王剑虹。但是王剑虹却什么话也没说，好像对别人恋爱之类的事丝毫不感兴趣，即使这个人是她们尊敬的瞿秋白，她的态度也是一样。

过了两天，王剑虹叫住丁玲，一向口齿伶俐的她有些吞吞吐吐地说：

"冰妹，我父亲想要回四川了。这次我要和他一起回去。"

"你要回家？回去住多长时间？什么时候回来？"丁玲有点意外。她知道王剑虹的父亲到上海后，一直住在老国民党员谢持家里，已经很长时间了，她还陪王剑虹去看过他，可从没听她说过想跟父亲回老家。

"不知道。也许永远不回来了。"

"你这是什么意思？"丁玲十分震惊。

"我也不知道为什么突然不想再在上海待下去了，我真的很怀念度过童年时代的故乡酉阳，很想回到父亲身边。"王剑虹把头调开看着窗外。

"你打算抛下我一个人？你当初是怎么对我说的？这一切都是因为什么？是我有什么地方使你失望吗？"丁玲几乎难以抑制自己的怒气。

"我也没有想到我会这样。可是一个人的思想总是会变的。冰妹，你不要怪我。"说完，王剑虹甩开丁玲拉着她的手，扭头走了。

丁玲站在屋子中间，好一会儿才回过神来。她无力地躺在床上,一连几个小时地看着天花板,可怎么也想不明白到底发生了什么,除了骂自己是个大傻瓜,也不知道如何发泄心中的怨恨,越想心里越烦躁。这时门外的楼梯上响起了皮鞋声,慢慢地越来越近。这声音对丁玲来说太熟悉了。这是瞿秋白的脚步声,只不过比平时慢点,带点踌躇。他好几天没来了,今天又来干什么?丁玲似乎找到了一个发泄一腔无名火的出口,不等他敲门,就从床上蹦了起来,跑到门边,猛地拉开门,看也不看地大吼道:

"我们不学俄文了,你走吧,再也别来了!"说完看也不看门外人是什么反应,"砰"的一声又把门猛然关上。

丁玲背靠在门上,听着那比刚才更沉重了的皮鞋声慢慢地远去,想着一瞬间留在她脑际的瞿秋白那一副惊愕而带点傻气的样子,一时忘记了刚才的烦恼,忽然高兴起来。可是没高兴一会儿,又陷入了一种空虚之中。她无聊地拿起这个放下,又拿起那个放下,不知该做些什么好。无意间,她翻开褥垫,不禁有些惊讶,那里竟有一张布纹信纸,纸上像是写着一首诗,一行一行,密密的,句子有长有短。这不是剑虹的笔迹吗?怎么会塞在这里?平时,王剑虹写的诗都是第一个拿给丁玲看,而且总是放在抽屉里,丁玲不知道两人之间还能有什么秘密。她急急地拿起诗,一口气读下去。

丁玲的心一阵抽搐,感到一种揪心的疼痛,眼泪不由自主地流了下来。她全明白了,她恨不得立刻见到剑虹,抱住她放声痛哭。

"剑虹,你为什么不早对我说呢?你要是早对我说,你又怎么会受这一番折磨?"丁玲在心里喊着。丁玲知道,剑虹外表冷漠,内心敏感,她很久以来都不知道如何去表达自己的感情。而且,她又是个深沉的人,自尊心极强,她宁可让爱情窒息在心里,也不愿显露出来,让人议论或讪笑。丁玲的气全消了,现在只为剑虹感到难过。她把诗揣在怀里,惶惶不安地在小亭子间里转来转去,一心只想帮助剑虹。什么剑虹与秋白合适不合适,以后会不会幸福,都无暇去想。丁玲好像完全陷入剑虹的感情中去了,有那么一刹那,她觉得自己就是剑虹,自己与剑虹一样受着这种从未有过的感情的折磨。

剑虹怎么还不回来?剑虹你快回来啊!丁玲非常想为剑虹做些什么,可除了一心盼着剑虹回来,什么也做不下去,什么也想不出来。

王剑虹终于回来了。她面无表情地告诉丁玲,一个星期左右她就要走了,一点儿也没有征求丁玲意见的意思,更没有说些分别前应说的话。一直到吃过晚饭,王剑虹都是这么沉默着。丁玲完全能感受到剑虹的痛苦与压抑,她想象着如果是自己遇到这种事会怎样。一想到此,丁玲感到眼睛有点发潮。她真希望剑虹能抱住自己痛哭一场,能把这一切向自己倾诉出来,这样自己也可以安慰安慰她,给她出出主意。可是王剑虹从来都把自己的感情隐藏得很深,也从不像丁玲那样爱哭。特别是现在,她那种自我封闭的态度似乎在明白地告诉别人,她不想任何人触动她心灵中隐秘的地方。她总是避开丁玲关切的目光,根本不给丁玲关心她、询问她的机会。丁玲感到十分焦急,她不能面对剑虹的痛苦坐视不理。她知道,在这种事上,即使剑虹回到四川,也不可能忘怀,不可能解脱。解铃还须系铃人,丁玲不及多想,瞒着剑虹,揣上那首诗直奔瞿秋白的家而去。

丁玲虽然老早就知道瞿秋白的住处,但因为每次都是瞿秋白到她们这里来,所以从未想起去他的家。这是一排西式楼房。丁玲从前门进去,正在楼下客堂间同他的表弟房东夫妇俩一起吃饭的瞿秋白忙站起来招呼,旁边一个年轻人热情地抢着把她引进二楼一间精致的房间。这个年轻人就是瞿秋白的二弟瞿云白。没过一会儿,瞿秋白走了进来,态度仍同平素一样,好像下午什么也没有发生似的。丁玲不知道如何开场,只好东张西望,好像在看屋里的陈设。这间房子与丁玲她们的亭子间比要讲究多了。一张弹簧床非常宽大,三个书橱里装满了精致的外文书,几摞线装书夹杂在中间。写字台也是那么大,上面放着文房四宝、几本书和一些稿子。还有一盏台灯,纱罩是粉红色的。黄色的灯光穿过这层粉红,给写字台上的那些小玩意儿笼上了一层温柔的微光。

秋白是个善解人意的人,所以也并不急着发问,只是用一种很有兴趣的、探问的目光，亲切地望着她。等丁玲感觉放松一点时，才试探性地问：

"你们还是继续学俄文吧，我一定每天去教。"

丁玲想说王剑虹的事，可又不知从何说起，她盼着瞿秋白能先提起剑虹。

"怎么，你是一个人来的吗？"

丁玲心里有些踏实了，她知道虽然瞿秋白没有直接说出王剑虹的名字，但这个名字已种在了他的心里。于是，她轻轻地掏出王剑虹的诗默默地递给他。瞿秋白从她那郑重的表情中似乎看出了什么，接过诗退到一边去读。他反反复复地读了许久，才想起丁玲还站在那里等着，他走过来，声音颤抖地问：

"这是剑虹写的？"

丁玲用力地点了一下头。

瞿秋白呆呆地站着，好像不知道该做什么。

"你还傻站着做什么？你还不快去找她。她是世界上最珍贵、最优秀、最美丽、最骄傲的人，她从没有爱过别的人，却为了你要回她曾经永远也不愿回去的、已没有母亲的老家。你不是也没了母亲吗？你们一定会是最好的爱人，剑虹是我最好的朋友，我真的希望你能给她带来幸福。"

丁玲的话打开了瞿秋白感情的闸门，他握了一下丁玲的手，很想说些什么，可憋了半晌，最后只说出了三

个字:

"谢谢你。"

等到丁玲回到宿舍时,整个屋子已笼罩在一种温柔和谐的气氛中,满桌子散乱地放着写了字的纸,看来他们是用笔谈话的。有些炽热的话语只能用笔才能表达,有些细腻深刻的情感只能用笔才能描摹。丁玲知道他们一定谈得很深很透。

瞿秋白要走了,丁玲从墙上取下王剑虹的一张全身照送给秋白。在当时,男女之间赠送照片含意十分明确。王剑虹没有作声,瞿秋白接过照片揣在了怀里。

此时的丁玲,心里既宽慰又有些酸楚。虽然王剑虹不会离开她回四川了,以后仍会与自己近在咫尺,但这还是与以前不一样了。她一想到一生中最好的朋友再也不可能只和自己在一起了,而这间曾属于她们俩的小亭子间将只有她一个人居住,心里就有一种空落落的感觉,就像蹬空了一样,而且她隐隐约约有一种不祥的预感。她说不清楚这是什么,只觉得从瞿秋白把剑虹的照片揣在他的胸口走出这间屋子后,她就开始有点儿魂不守舍了。

八、彩虹飞逝

1924年寒假,学校迁址到西摩路。这时王剑虹已与瞿秋白结了婚。丁玲跟着瞿秋白夫妇、施存统夫妇一起搬到学校附近的慕尔鸣路上一幢两楼两底的弄堂房子里。

瞿秋白和王剑虹过着他们的热恋生活,文学成了使他们恋爱之火燃烧的元素。他俩每天都写诗,订起来有好几大本。瞿秋白和王剑虹都对丁玲十分感激,没丁玲这个"红娘",他们今生或许就只能怀着痛苦彼此错过了。瞿秋白怀着这样一种感激的心情给丁玲写过一首诗,称她是"安琪儿",有一颗"赤子之心"。

丁玲与瞿秋白他们在一起,自然受了不少熏陶,不仅对古典文学,对新文学和外国文学的各种流派也都有了进一步了解。丁玲后来自己说,这是她对于文学上的什么浪漫主义、自然主义、写实主义,以及为人生、艺术等等所上的第一课。

瞿秋白和王剑虹对丁玲仍如以往一样关怀备至。瞿秋白买了个烧煤油的烤火炉送给瞿秋白和王剑虹,可他们俩却坚持要把这个烤炉放在丁玲的屋子里。他们俩经常到丁玲住的小小的过街楼上来聊天。每次他们来,丁玲总喜欢把灯关了。这时,从炉盖上的一圈小圆孔中射出来的火光,在黑暗中显得特别明亮,它们形成一个光圈,就像一朵花似的,整个屋子都被这闪烁晃动的火光之花映衬得美极了。这时的丁玲常看呆了,竟好像这屋里除了这朵花,什么都不存在了。

丁玲与瞿秋白和王剑虹在一起时,在别人看来,她仍像以前一样快乐，甚至很顽皮，有时还要揶揄这对如胶似漆的新婚夫妇几句。瞿秋白和王剑虹对丁玲的友爱依旧，住在一幢房子里的瞿云白也给了丁玲很多关心和帮助，但这些都无法消除丁玲心中因感觉自己已成"局外人"而产生的寂寞与失落。剑虹找到了归宿，她现在已完全成了秋白的爱人，再也不是自己过去理想中的女侠一般的剑虹了。虽然自己真心祝福他们，可心里却并不全是欢欣。看着他们相亲相爱的情景，丁玲不知道为什么会觉得自己一下子就失去了两个朋友。现在，剑虹已自愿结束了她孤傲的旅程，而自己却不知道人生旅途的目的地在哪里，更不知道以后该怎样走。

"我以后走什么样的路呢？"丁玲问瞿秋白。

沉浸在幸福爱情中的瞿秋白似乎没有觉察到这个曾与妻子形影不离的年轻女孩的复杂心绪，毫不犹豫地昂首答道：

"你啊，按你喜欢的去学，去干。你和剑虹都应该走文学道路，这也是我的理想，但我却无此缘分，从政对我来说也许是一种历史的误会吧。冰之，以你的性格，实在不适合走我的路。你天生就是一个需要展翅高飞的鸟儿。像鸟一样飞吧，飞得越高越好，越远越好。"

瞿秋白的话使长期陷入感情泥沼中不能自拔的丁玲茅塞顿开，他的鼓励给了她信心，给了她力量，给了她方向。丁玲不愿再在这一方小小的天空中盘旋，她要寻找属于自己的生活。她与北京的旧友周敦祜、王佩琼等约好，等回常德探望过母亲后，就去北京继续读书。

这只渴望自由和广阔蓝天的小鸟又一次起飞了，可是这一次，王剑虹却不能领着她飞了，她必须独自飞翔。她从心里舍不得离开剑虹：

> 好友啊！我珍爱的剑虹，我今弃你而去，你将随你的所爱，你将沉沦在爱情之中，你将随秋白走向何方呢？

丁玲怀着一种永别的伤感回到了可以让她忘怀一切的母亲身边。

没过多久，王剑虹的信也追了上来。信中说她病了。以前王剑虹有时也不舒服，但因为她自己一点也不紧张，别人也就没太留意。丁玲想这也许是因为她们的分别使王剑虹很难过的缘故，所以也没特别放在心上。倒是瞿秋白在信后附写的话让她有几分不安与不解：

> 你走了，我们都非常难受。我竟哭了，这是我多年没有过的事。我好像预感到什么不幸。我们祝愿你一切成功，一切幸福。

丁玲想起她离开上海那天，是瞿云白送她上的轮船。

瞿秋白和王剑虹不仅未送她到码头，甚至连他们自己的房门都没出。丁玲知道他们可能是有意回避她，回避这不知什么时候才能见面的分别。

瞿秋白虽然是个成熟坚强的共产党领导人，骨子里却是个多愁善感的诗人。但让丁玲想象一向镇定自若的他竟然会流泪，仍是件很困难的事。她根本猜不透瞿秋白在说什么，索性就把信搁在了一旁。

又过了半个月，丁玲忽然收到一封上海来的电报，是王剑虹的堂妹打来的。丁玲感到十分奇怪，赶忙打开来：

"虹姊病危，盼速来沪！"

丁玲简直不敢相信自己的眼睛。瞿秋白呢？为什么不是他而是剑虹的堂妹拍来电报？剑虹你真的这么快就不行了吗？你不是在骗我吧？丁玲真希望剑虹是因为想念自己，才想出这种办法好让自己回去。焦急与疑惑、不安与悔恨交织着，不停地啮噬着丁玲的心，把她催上了匆匆忙忙返回上海的旅途。一路上，丁玲都处在一种惶惶不安之中，一颗心像被烈焰舔舐着一样，经常莫名地疼痛起来。

1924年7月，丁玲到上海后，直扑慕尔鸣路。她要扑到剑虹的病榻前，抱住剑虹，把自己的力量输入到她的体内。她相信，只要剑虹看见她，病一定会不治而愈。但丁玲万万没有想到的是，虽然仅仅相隔一个月，秋白与剑虹那间温馨的小屋却早已物是而人非了。丁玲一下子觉得自己的魂飘散了，就像彩虹慢慢消失在天空里。

在四川会馆,丁玲见到的是王剑虹的棺木。她寻找瞿秋白,别人告诉她瞿秋白已到广州参加什么会议去了。她想问王剑虹的两个堂妹,可泣不成声的她们迎住她的只有泪眼。她追问瞿云白,可他什么也说不出来,只是默默地望着她。堂上放着王剑虹的一张照片,就是瞿秋白与王剑虹定情后,丁玲从墙上摘下来送给瞿秋白的那一张。照片用一块白绸巾包着,他们告诉丁玲这是瞿秋白亲手包上的。丁玲捧起照片,发现背后题了一首诗,开头写着"你的魂儿我的心"。丁玲只看了这一句便再也不忍心往下看。瞿秋白用这一句诗就写出了他们三个人的关系。丁玲常亲切地用一个字"虹"来称呼王剑虹,瞿秋白听了笑着说应该是"魂"。他们俩相爱后,瞿秋白总是叫王剑虹"梦可",这是法语"我的心"的音译。这句诗的意思是说,丁玲把自己的"魂儿"送给了他变成了他的心。丁玲知道,瞿秋白是以这首诗表达他的悲痛心情,并在向自己忏悔,他对不起剑虹,对不起他的心,也对不起丁玲。

"我送给你一个活生生的人,而你却还给我一张旧照片和一首毫无用处的短诗!秋白,你不在剑虹身边,却躲到广州去,是不敢见我吗?"

"剑虹,你临去前有什么话要告诉我吗?"

丁玲悲恸欲绝,向着苍天发问。可是周围的人没有一个能解答她的疑问。她像个小孩子似的,到秋白、剑虹家里寻找他们的诗稿。他们那时候几乎天天都要写诗给对方

表达彼此的爱意,可是她一本也没有找到。丁玲不知向何处发泄满腔的怨恨与悲伤,便一股脑地倾倒在人影不见的瞿秋白身上:

"剑虹本来是没有肺病的,都是被你传染的!是你害死了剑虹,是你使我失去了最好的朋友。你还留地址给我做什么?我一个字也不会给你写的。不管你多么高明,多么了不起,我们的关系都会因剑虹的死而一刀两断。"

丁玲把如泉的泪水洒在四川会馆,把沉痛的心留在那凄凉的灵柩上。她像一个受了伤的人,带着永远无法痊愈的伤口和永远无法弥补的遗憾,同王剑虹的两个堂妹一起登上海船,向北京去寻找属于她自己的新生活。

第四章

古都情缘

一、剪不断的往事

丁玲几乎是以一种朝圣者的崇拜和期待已久的心情走进古都北京的。这个五四运动的发祥地，这个鲁迅等新文化运动的领导者聚集的地方，这个有着北大、清华、女高师等全国学子全心向往的高等学府的地方——成了内心受到重创的丁玲全部梦想的寄托，成了丁玲人生中又一个重要的舞台，又一个新的台阶。

1924年秋天，丁玲回到北京，经旧友王佩琼、周敦祜介绍，落脚在西城劈柴胡同的一间补习学校里，并在那里结识了北大三年级学生谭慕愚（即谭惕吾）和曹孟君。她们都非常关心丁玲，并把丁玲带入了她们的生活。

对丁玲这样一个年轻女孩来说，新生活总是充满了阳光，总是有许多未知的乐趣。她又像当年与王剑虹初到南京那样，对新环境、新生活着了迷，尽情地欢饮着新朋旧友们的友谊之酒。有时，她会与这个人在位于马神庙的北大公主楼的庭院中，在清亮的月色下，一坐就是大半个晚上，畅谈人生；有时，又与另一个人在朦胧的夜色中，在陶然亭的坟地边，漫步遐想，从旧石碑文中寻找诗句。丁玲感到一种新的自由，一种一无所有的自由，没有拘束，也没有依赖，这使她能够充分发挥自己的独立个性。可同时，也常有一种孤苦无依的仓皇感袭来。她的生活很没有规律，高兴了就到街上跑跑，不高兴了可以在床上躺一天不起来。她努力去忘却剑虹，努力从王剑虹的影子中挣脱出来，但那只是一个暂时愈合的伤口，任何一点儿小小的刺激都能使它迸裂，重新流出血来。因此，每次瞿秋白的来信都无疑会扰乱丁玲平静的生活。

虽然王剑虹已去世，但瞿秋白对丁玲的关心仍一如既往。丁玲初到北平的那段时间，瞿秋白经常给她写信，前后总共有十几封。信中除了关心丁玲的近况外，写到最后总是要提到剑虹。虽然丁玲几乎目睹了他们爱情的全部发展过程，但她仍觉得瞿秋白在信中表达的对剑虹的感情像谜一样，让她似懂非懂，总不能确切地明白他是什么意思。丁玲很想知道王剑虹临死前的情形，可每次瞿秋白都好像没看到她的信一样，对此避而不谈，却总是絮絮叨叨地说对不起剑虹，几乎每封信都要责骂自己，可又说什么人也不配批评他，只有天上的"梦可"才有资格批评他。他就是这样欲说还休，什么都说得含含糊糊，好像本来就没想让谁明白。丁玲感觉到瞿秋白此时的心情很不好，感情也很脆弱，心里好像充满了矛盾和痛苦，似乎并不仅仅是因为王剑虹这一件事。这一切在别人看来，或许认为瞿秋白不太像一个久经考验的共产党人，但在丁玲眼里，他本来就是这样一个诗人气质浓郁、情感世界丰富的人。丁玲想，瞿秋白之所以写信给她，只是因为他需要一个真正了解他的人，他不需要在这个人面前有任何伪装，这个人能够倾听他发自内心的作为一个真实的人的呻吟。在当时，瞿秋白身边这样的人太少了，而远在北国的丁玲正是一个可以了解他心曲的人。所以丁玲偶尔也回几封信，主题当然仍是剑虹。虽然她也朦胧地感觉到瞿秋白并不是想听她重复这些他早已耳熟能详的故事，但她实在弄不清楚、也不想去弄清楚瞿秋白现在到底在做什么，在想什么。两人的通信基本上是各说各话，丁玲有时干脆就不回，所以相比之下瞿秋白的信要勤一些。

这年冬天的一个傍晚，丁玲回到学校，门房拦住她，说：

"小姐，有个人给你留了封信。"门房压低了声音，"这个人是你什么人啊？我告诉他你不在，他也不肯走，说要等你回来，在我这里坐了足有两个钟头。一定是你什么亲戚吧。他因为后面还有事，实在等不了，千叮咛、万嘱咐地要我转告你，要你一定去看他，还说地址都写在信上了。"

丁玲不喜欢门房那副好打听的神情，不愿当他的面打开信封，直到回到宿舍才打开。

"啊！是秋白。"丁玲情不自禁地喊出了声。这种他乡遇故知的喜悦把她对瞿秋白耿耿于怀的一丝怨恨全冲走了。

"剑虹，这一下我可以和秋白痛痛快快地谈谈你了。秋白这一次一定会告诉我许多我不知道的你的事。"丁玲自言自语，好像王剑虹一下子出现在她的身边了。没能陪伴王剑虹走过最后一段路，甚至她死后，也没人描述过她临终时的情形，这始终是丁玲的一块心病。

丁玲匆匆忙忙吃完饭，便坐车赶到前门外的一家旅馆。可是迎接她的却是瞿秋白的弟弟瞿云白。

"冰之，你先等一会儿，我现在不能马上陪你。哥哥可能一会儿就会回来了。"

"你在做什么？"

"在找一样东西。你一会儿就知道了。"瞿云白像个小孩似的露出诡秘的表情。然后接着翻他哥哥的东西。

"啊，终于让我找到了。还藏起来，想瞒我。"

瞿云白拿着一张纸片，高兴地递给丁玲，说："你快看看，漂亮不漂亮。"

这是一张女人的照片，丁玲接过来一看，吃了一惊，不禁脱口而出：

"这不是杨之华吗？"说完，丁玲已经明白了，心里不觉一冷，像掉进了一个大冰窟窿。

杨之华在当时上海妇女运动中也很活跃。王剑虹在带丁玲到上海之前就认识她，她们一起参加过一些社会活动。今年春天，杨之华也进了上海大学。丁玲在慕尔鸣路施存统家见过她。

"是啊，就是她。有好几次，哥哥遇到危险，都是她保护了他。她现在已经和哥哥好了！"瞿云白一点没有觉察到丁玲表情上的变化，自顾自得意地说。

才几个月啊，剑虹尸骨未寒，秋白就已有了新欢！丁玲突然觉得兴味索然，匆忙与瞿云白告别，在他疑惑的表情中逃也似的离去。

一出门，丁玲的眼泪就流了下来。她骂自己是个大傻瓜，人家又有了新欢，自己还满腔希望地想去与他谈那个已经消失了的人。她似乎一下子明白了不少以前秋白信里那些不明不白的话。她恨瞿秋白，也为王剑虹惋惜和不平。

"剑虹，你都看见了吗？你为了他抛弃了事业，甚至还要撇下我，可是人家呢？这么快就把你忘了。剑虹，你太不值了，剑虹，你太傻了！为什么爱情的结局是这样？为什么连你认为的世界上最好的男人也是这样？"

丁玲觉得这一切都太可怕、太不可捉摸了。回到宿舍，她激动的情绪依然无法平静下来。她把这一切都告诉了谭惕吾。但出乎她的意料，谭惕吾并未像她希望的那样与她产生共鸣，而是十分冷静，好像泰山崩于前也不会眨一下眼似的。

"冰之,你什么时候遇事能像你的名字就好了。剑虹已经死了,所有的人都承认了这一事实,只有你不承认。"

"剑虹是死了,可是她死才不过……"

"死了就是死了,无所谓几天、几月或几年。而活人却是一天一天地要活下去。你不可能要求所有人都和你一样……"

"他们是爱人,按理说应该比我们的感情更……"

"没错。现在剑虹还能爱他吗?不能。可杨之华能。"

"……"

谭惕吾的一席话使丁玲张口结舌,说不出话来。她忽然觉得现实世界太残酷了,世界上的人都太现实了。

"冰之,你现在的确很难理解,等你以后有了切身的感受,就能够理解了。还是现实一点儿,忘记这一切吧,把这一切都抛到东洋大海、抛到昆仑山那边去吧。"

"……"

丁玲想了半天,也接不上话。这时,她真希望思维敏捷、辩才出众的王剑虹能够告诉她如何驳倒她的对手。她承认谭惕吾说得十分透彻,她承认,在理智上,她真的不能去责备瞿秋白什么,可是在感情上,她就是无法释怀。她痛恨人有太多的理智,痛恨人会看得那么透彻。无法走出过去的丁玲,此后不仅疏远了瞿秋白,甚至也疏远了谭惕吾,使得谭惕吾很多年都不知道为什么丁玲突然改变了对自己的态度。从此丁玲与瞿秋白虽同在北京，却形同路人，断了交往。

丁玲就是这样一种性格，常常会被一种无法解释的感情支配，做出一些常人难以理解的事来。

过了一个多月，丁玲忽然接到了一封杨之华从上海发来请丁玲转交给瞿秋白的信。丁玲本不想管，可她到底还是关心瞿秋白的。她想，连杨之华都不能直接给秋白写信，一定是秋白的情况令人担忧。而且杨之华是请她代转，说明他们一直都是把丁玲当成最可信赖的人。丁玲很有点儿侠义精神，别人有困难，她是不会袖手旁观的。此时，哪怕再有什么隔阂，她也会先抛到一边。

可这时，丁玲也不知道瞿秋白在哪儿。最后经夏之栩帮助，才在苏联大使馆的一幢宿舍里找到了瞿秋白。他们进去时，里面二十几个人正在开会。瞿秋白一见丁玲便走了出来。那一瞬间，丁玲恍惚以为是在上海，她为了剑虹的事第一次去瞿秋白家找他，他也是这样一见她便站了起来。她把信交给瞿秋白，瞿秋白默默地读信，然后什么也没说，把丁玲带到了他的住处。他们一起吃了饭。席间聊天，瞿秋白问起她的同学、朋友，问起她来北京的感受，似乎什么都问起了，就是没有提起剑虹，也没有提到杨之华和刚才那封信。丁玲这时反倒变得很冷静，像一个画家、像一个作家那样，悄悄地观察着她要描摹的对象的表情，揣摩着他的心理。

他为什么不谈起我们最谈得来的共同话题剑虹呢？他难道不想我原谅他吗？他为什么不解释一下那些信呢？是他没有勇气吗？还是他的想法早就变了呢？丁玲想到这一切，不禁感慨万千。"去年今日此门中，人面桃花相映红"，才不过一年却已是人面不似桃花了。晚上，瞿秋白请丁玲去看戏，说是梅兰芳的老师陈德霖的戏。丁玲到北京以后，还从没去过戏院。那时的戏院是男女分坐，丁玲自己坐在一个包厢里，瞿秋白兄弟俩坐在对面的包厢。丁玲一个人根本看不下去，坐在这样的地方，她怎能不睹物思人，想起当年在上海与王剑虹买最好的包厢看戏的往事呢？对面的瞿秋白似乎也心不在焉。丁玲觉得，在这种令人讨厌的嘈杂的环境中，心里各揣着个闷葫芦，简直是受罪。她再也坐不住了，写了个字条托茶房递过去，便不辞而别了。自此以后，好长一段时间，丁玲与瞿秋白都再也没有联系过，直到20世纪30年代，丁玲加入左联以后，他们才重新接上了头。

二、闯来个"海军学生"

丁玲去北京，是奔着上大学的。所以，四处游玩的同时，她也到北京大学等其他高等学府去旁听，接触到了她以前从未接触到的新知识、新人物。听了一圈课后，她最后下决心考北大。她本不喜欢数理化，可为了应付入学考试，她专门到一所补习学校去补习数理化，但最终却没能考上北大。

丁玲从小就有绘画才能，而且一直保持着这个爱好。在丁玲心目中，信手涂鸦的感觉并不亚于出口成章。所以考北大不成，她又去投考美术学校，结果仍是落榜。这的确很让丁玲灰心，甚至怀疑自己的能力，怀疑自己是否能挤进北京这个石头一样坚硬的城市。她想来想去，想不出一条好的出路。但她非常明白自己已没有什么退路了。退回上海去？不行，感情上仅次于母亲的剑虹已死，上海是她的伤心之地。退回常德去？那里虽有日夜思念她的母亲，可是她怎能给母亲一个失败的结局呢？而且早知如此，又何必当初。到别的什么地方去？可到什么地方去呢？丁玲想不出除了留在北京还有什么更好的选择，只好硬着头皮往前走。

丁玲继续学画，希望这个童年、少年时带给自己很多自信与荣誉的爱好能使她翻滚的心平静下来。于是她又找了一间私人画室学画。所谓画室只不过是三间打通了的普通民房，屋里放了七八个画架，学生最多时不过十来人。学费是每月两元钱，由学生自带纸笔。曹孟君的男朋友，做编辑工作的左恭恰好也想学画，便成了丁玲的同学。在画室里，丁玲每天寂寞地对着的不是瓶瓶罐罐，就是维纳斯的半身石膏像，要不就是些棱角分明的老人头像——总之都是静止的死东西，没有生气。老师也像一尊只是能走动的雕像，只是偶尔走过来看看，随便指点两句。这种刻板乏味的学法让人提不起一丝兴趣，没多久，左恭就打了退堂鼓。丁玲虽然很认真，也下了决心当一名画家，但一想到日复一日也没有什么长进，不免又开始怀疑这样下去能否学到真东西。这些毫无生气、毫无感情的死东西，离她的画家理想太远了。就这样，丁玲又坚持了一阵，最后还是放弃了。放弃学画，是丁玲一生中很后悔的一件事。晚年，经历过几十年曲折坎坷的她说，如果当年她成了一名画家，而不是日后成为一名作家的话，也许她的生活将是另一种样子，也许将不会如此不幸。

丁玲的求学梦彻底破灭了。这时一个从法国勤工俭学回来的学生力劝她去法国，丁玲跟他学过法语。他说到法国后，可以帮丁玲找工作。巴黎是丁玲久已向往的地方。当年九姨向警予和她的爱侣蔡和森就是一起去的巴黎，而母亲因为有儿女拖累没有和他们一道去。如果连在北京都没有自己的立足之地，连在北京都找不到自己的理想，那么只有去巴黎了。这个世界总不至于遍地荆棘、处处陷阱吧？正在歧路彷徨的丁玲一听有机会去巴黎，当下就同意了。可是她母亲坚决反对，她的朋友们也都不同意，觉得丁玲太轻信别人。后来丁玲又从报纸广告上看到一个在香港等地经商的商人欲招秘书的启事，虽然工资只有二十几元，但可以到各地去旅行，这正合了丁玲喜欢漫游的性

情。可是又被母亲和朋友们否决了。这时的丁玲真的绝望了,望着黑暗的天空,不禁独自长叹:

> 我怎么办呢?我的人生道路,我这一生总得做一番事业嘛!我的生活道路,我将何以为生呢?难道我能靠母亲微薄的薪水,在外面流浪一生吗?我实在苦闷极了!

没有学上,没有工作,没有前途,没有目标……丁玲完全沉浸在一片焦虑与茫然之中,对周围的人与事似乎也淡漠了许多。所以,当左恭带着充满激情的胡也频到她们宿舍来时,也没有引起她更多的注意。

左恭身材修长,面皮白净,俨然一个英俊小生,虽然还是个大男孩,但已很会谈恋爱了。他当时正热恋着曹孟君,但还是在初级阶段,所以每次他来找曹孟君,都会看到丁玲、谭惕吾也恰巧在那儿。面对一个情人加两个"保镖",本来就有些紧张的左恭在声势上便先输了一招,他明显地觉得自己势单力孤,应接不暇。最让他着急的是,一对三,他和心上人的谈话时间只剩了三分之一,而且每一个表情、每一个动作、每一句话都是六只眼睛同时盯着,六只耳朵同时听着,这样一来许多话都说不出口了,还得时刻提醒自己克制、克制、再克制!"兵来将挡,水来土掩",左恭后来再来时,也常带一两个"保镖",先在数量上势均力敌。这样,自己的"保镖"缠住对方的"保镖",自己就可以比较专心地与心上人"对阵"了。

左恭与胡也频住在同一个公寓。他找胡也频做陪客算是找对了人。胡也频,原名胡崇轩,福建人,来北京前是一所海军学校的学生,当时也在北大做旁听生,同时在一份刊物做编辑。他的相貌,用说书人的话说就是:天庭饱满,地阁方圆,鼻直口方,虎背熊腰,气宇轩昂,有一种水手气质,与白面书生左恭站在一起恰成鲜明对比。胡也频做陪客十分称职,他不只是作陪,还主动找丁玲和谭惕吾聊天。特别是见了丁玲,胡也频就像铁块遇到磁石一般,立刻坠入了情网。由于心里太激动了,他晚上吃饭时竟然喝醉了。

在胡也频眼里,丁玲不施粉黛,粗衣布裙,圆圆的面庞,微黑的皮肤,眉毛同自己的一样浓黑,只是更弯更长一些,特别是那一双与脸庞很相称的圆圆的大眼睛,那么明亮有神,谁看了都要心里一惊。她不爱说话,只是偶尔微笑一下,那微笑在胡也频看来就像是穿过云层的阳光。他急切地寻找共同话题,想为自己创造更多与丁玲熟悉的机会。他听说丁玲是湖南人,立刻想起也是湖南人的沈从文。虽然自己只不过是因采用了一篇作者署名为"休芸芸"的稿子才结识沈从文不久,但他还是迫不及待地告诉了丁玲,并约丁玲一起去见这位老乡。

那时候是很讲乡谊的,丁玲一听有一个与自己处境差不多的同乡，自然也很高兴。所以，没过几天，丁玲就随胡也频到庆华公寓去看沈从文。当时沈从文还是个无名作家，生活状况与胡也频他们差不了多少。丁玲和沈从文"老乡见老乡，两眼泪汪汪"，谈了很久才散。丁玲告诉沈从文自己的住处，并说欢迎他有时间过去坐坐。

对沈从文的这个同乡，胡也频似乎比沈从文更热心，恨不得沈从文当天晚上或第二天就能去回访，并且主动要求给沈从文带路。胡也频虽然没有明说，但也不刻意掩饰自己的感情，总是不自觉地和人提起丁玲。一谈起丁玲，他立刻就会兴奋起来，等人家不谈了，他还会痴痴呆呆地去想。胡也频这种神魂颠倒的样子，把沈从文搞得莫名其妙。他不明白这个热情的"海军学生"怎么会一见钟情地爱上丁玲，沈从文觉得丁玲身上完全找不到书上常描写的那些温柔可人的爱人的影子。

在胡也频的催促下，沈从文第二天就邀了他回访丁玲。到吃晚饭时，丁玲大大方方地留他们吃饭，同乡客气地推辞了，而非同乡却爽快地坐到了桌旁。丁玲对沈从文的客气有些不高兴，觉得胡也频那样才不见外。

胡也频当时正在《京报》编辑副刊《民众文艺周刊》，在他们自己的小圈子里是个小有名气的诗人。在他的身上有水手的坚韧与执着，也有诗人的浪漫和细腻。他从别人那里得知，外表坚强乐观的丁玲背地里常为早夭的弟弟哭泣。如果弟弟不死，母亲和她或许还能多一份依靠，她或许还能觉得肩上的担子轻一点儿。胡也频多么希望能代替丁玲弟弟在丁玲心目中的位置，把自己宽阔的肩膀交给丁玲。他悄悄地买了一束黄玫瑰，系上了个小纸条，写上"你一个新的弟弟所献"（其实他比丁玲还大一岁），然后请公寓的伙计送去。

但是胡也频的这一切努力并没有给丁玲留下多么深刻的印象。丁玲的感情因王剑虹的爱与死而留下的伤痕还没有完全愈合，她甚至认为王剑虹的自由、事业和生命都是被爱断送的。那么优秀的一个人，也是因为爱而失去了自我。瞿秋白与王剑虹，那么完美的一对，也不过是悲剧一场。其他人又能怎么样呢？而且她这时的处境，也使她根本无暇顾及这种男女之情，她首先要考虑的是生存问题。她把全副心思都用在寻找出路上，大部分时间都是关在屋里读书。终于，她看到了一盏飘忽的小灯，这就是鲁迅。她被鲁迅的清醒与智慧征服了，并认定只有他才可以给自己指引前路。她想去见鲁迅，可又不知怎样才能见到他。于是她给鲁迅写了一封信，诉说了她对未来的迷惘，希望鲁迅给予指点和帮助。

鲁迅接到了这封信，旁边有人告诉他，信的字迹很像沈从文，这个"丁玲"一定是沈从文的化名。当时文坛派别流行，沈从文属现代评论派，与鲁迅是两个营垒。鲁迅对沈从文本来就没有好感，又见他以一个女人的化名给自己写信，虽然信写得并不坏，但不知是何居心，便没有回信。但丁玲丝毫也不知情,还数着日子等待着。她知道鲁迅是个大忙人,回信不会很快。但她也知道鲁迅最关心青年,所以一定会给她回信的。

与丁玲相识才一个月的胡也频不忍看丁玲焦急不堪要失望地离京,便以丁玲的弟弟的名义去找鲁迅。因为已有误会在先,胡也频当然也被拒之门外了。这些在鲁迅1925年4月30日的日记中都有反映,而且在1925年7月20日鲁迅致钱玄同的信中也提及了此事:

> 且夫"孥孥阿文"(指沈从文),确尚无偷文如欧阳公①之恶德,而文章亦较为能做做者也。然而敝座之所以恶之者,因其用一女人之名,以细如蚊虫之字,写信给我,被我察出为阿文手笔,则又有一人扮作该女人之弟来访,以证明实有其女人……

后来鲁迅才知道真相,不禁懊丧而歉疚地说:

> 那么,我又失败了,既不是休芸芸的鬼,她又赶着回湖南老家,那一定是在北京生活不下去了。青年人大半是不愿回老家的,她竟回老家,可见是抱着痛苦回去的。她那封信,我没有回

---

①作者注:即欧阳兰。

她，倒觉得不舒服。

由于这件事，鲁迅对"丁玲"这个名字有了比较深刻的印象。

沈从文受此"冤屈"倒没有什么，但这件事却让丁玲彻底绝望了。这时由于军阀混战，北京很不安全。此时因参加孙中山先生纪念活动恰在北京的王勃山，就是王剑虹的父亲，决定回四川老家暂避。他放心不下丁玲，想带丁玲一起上路，把她送回常德母亲身边。万念俱灰的丁玲也觉得别无选择，她感觉自己已经筋疲力尽了，她觉得自己从来没有像现在这样思念母亲，思念故乡。她根本无法去想以后会怎样，她像一只余晖下仓惶的倦鸟，只想能赶在黑暗咬住尾翼前，快快找到一片能栖息的树林。

三、倦鸟暂归林

一九二五年暑假，我住在常德我母亲学校的时候，有一天，听见大门咣咣的响，我与母亲同去开门。我们都不得不诧异地注视着站在门外的那个穿着月白长衫的少年。我母亲诧异这是从那里来的访问者；我也诧异这个我在北京刚刚只见过两三次面的、萍水相逢、印象不深的人，为什么远道来访。但使我们更诧异的是这个少年竟是孑然一身,除一套换洗裤褂外便什么也没有,而且连他坐来的人力车钱也是我们代付的。

这是丁玲自述的又一次见到胡也频时的情景。这一次,胡也频给她留下的印象,她一辈子也抹不掉了。

回到阔别一年多的家后,丁玲并没有像一路上祈求的那样心情归于平静。她觉得自己人虽然回来了,心却不知道在什么地方漂泊着。余曼贞似乎又苍老了许多,但她依然对国事充满激情,还能够很有兴致地高谈阔论,怀古伤今。对于丁玲的一事无成,她也从没有过半点责备。而丁玲自己却总是搁浅在对这几年遇到的人和事的回忆与思索中。丁玲感到无颜面对母亲的萧萧白发,更不愿把一肚子的忧伤与迷惘交由母亲分担。就是为了母亲的希望与信任,自己也要振翅重上蓝天啊!可是丁玲又实在不知道该往哪里飞。余曼贞也看出这回女儿与以前大不一样,整天心事重重,悒悒不乐,怎么逗她、哄她都不管用。正觉得这日子不知道如何打发呢,却从千山万水之外飞来了一只海鸥!这让丁玲大吃一惊。因为她与胡也频在北京也只见过那么几面,她弄不明白他来干什么,他又是从哪儿得到的自己的地址。作为校舍的庙宇,平时只有余曼贞抑扬顿挫的读书声和丁玲单调生疏的琵琶声。现在余曼贞多了一个谈话的对象,丁玲多了一个同病相怜的人。

胡也频受到了亲人一样的待遇,感觉自己像一只漂流的小船停靠在风和日丽的港湾。他一天到晚都很快乐,充满了幸福的感觉,好像对这个世界已无所求,好像他要求的只是守在他内心正狂恋着的心上人的身边。丁玲走后,胡也频才真正知道丁玲对自己有多么重要。所以他才不顾冒昧,在丁玲离开北京的第二天就借钱当衣凑路费,然后一直追到了常德。沈从文对胡也频陷入情网无法自拔的状态有过十分生动的描写:

> ……这海军学生,南方人的热情,如南方的日头,什么事使他一胡涂时,无反省,不旁顾,就能勇敢的想象到另外一个世界里的一切,且只打量走到那个新的理想中去,把自己生活同另一个人的生活,在很少几回见面里,就成立一种特殊的友谊,且就用这印象,建筑一种希望,这种南方人热情,当时是使我十分吃惊的。人既一离开,如今便到了使他发狂的时候了。一切朋友用各种言语,说到这个发狂是不必需的事,只须小小一点儿理智,就可以使自己安静下来。但各种言语皆缺少转移这个海军学生的能力,一切朋友的"世故",皆不能战胜这个人的"热情"。

在北京时,与丁玲只有几面之缘的胡也频还只是醉心于丁玲的外表和聪慧。这次到了常德,他才了解了丁玲与自己完全不同的身世和家庭,了解了丁玲以前的生活轨迹,发现了丁玲更多的内涵,更觉得丁玲像一个美丽的谜一样。他常常看着丁玲发呆,有时还咬着手指,然后写下几首讴歌爱情或咏叹人生的诗篇。

日子就这样过着,胡也频像在家一样安心,但丁玲却觉得住不下去了。一来她不想再拖累母亲,加重母亲的经济负担,二来她还是要继续飞下去,常德太小了,已容纳不下她那一颗长了翅膀的心。还有,她因为剑虹,对一切男子都保持一种怀疑和冷淡的态度。最主要的是,她还不能确定对胡也频到底是什么样的感情。他们的出身、教育、生活经历的不同,造成了他们的思想、性格、感情差距很大。虽然他的勇猛、热烈、执拗、乐观和穷困都使丁玲感到惊异,受到吸引,但她也觉得他有些简单,有些蒙昧,有些稚嫩。虽然他是一个少有的"人",有着最完美的品质的人,但他毕竟还只是一块未经雕琢的璞玉。她觉得与胡也频之间只是友谊,尽管这种感情也可以很深沉。所以,临行前,她当着母亲的面对胡也频说:

"我们一起回北京。到了那里,我们就分手,各做各的事吧。"

"好吧,我们一起回北京。"胡也频了解丁玲的性格,所以并没有反对。

但丁玲并不太了解胡也频。胡也频虽然历经坎坷,穷得连他们回北京的火车票钱都是丁玲母亲给的,但他却十分自信,对他的诗是这样,对他的感情也是如此。何况他的感情十分纯洁而热烈,在他,只要能看着丁玲,哪怕她只顾做着自己的事并没有注意到他,他也觉得很满足。

四、玩伴和难友

丁玲与胡也频一同回到北京。朋友们一看,丁玲走时是一个,回时却是一双,就想当然地认为他们俩已经同居了。一般人是背后议论议论,她的好朋友们却觉得有责任规劝规劝她。

"冰之,你怎么会看上他了呢?他连个正经工作也没有,你跟他怎么能过上安定的生活呢?"

"冰之,我知道你不是贪慕虚荣的人。你讨厌有权有势做官的,也不喜欢钱财如山的商人,可是你也总还可以找一个大学教授什么的吧,在社会上有地位,生活上也不至于太受窘。"

"冰之,我虽然不主张婚姻要门当户对,但总还是应该志趣相投。胡也频根本就不适合你。他看着还没你成熟呢!你们现在不过是男女间一时的相互吸引,时间长了你就会发现你们的思想差距有多远了,到时候可别后悔。"

丁玲越听越反感,越听越生气。她本来就是个反流俗的人，最讨厌别人把他们的观点强加于人，自以为是地干涉她的自由和选择。她要与这个庸俗的世界作对！朋友们没有想到，他们想把两人分开的劝告遇到丁玲这种反抗力极强的人，反而转变成了反作用力，最终把丁玲和胡也频推到了一起。

1925年秋，丁玲和胡也频在西山碧云寺下一个村子里找了一间民房"同居"了。这个家，使两颗漂泊的心彼此找到了停靠。

丁玲和胡也频像两个隐居者，不仅远离了城市的喧嚣，也远离了那些世俗的物议。而且他们可以完全沉浸在两人世界中，什么也不用怕，什么也不用想，有充裕的时间做自己最喜欢的事——一个写作，一个读书，就像生活在世外桃源的耕男织女。这一时期，他们两人思想、性格还有很大差异。丁玲接触社会主义理论和革命人士较早，眼界也比较开阔，对未来有很多幻想。而胡也频受的教育是断断续续的、庞杂的，且是自己在黑暗中摸索来的，对生活的态度比较现实。但他们有根本的共同点，就是他们都感到孤独，都害怕寂寞，都有一颗漂泊的心，都渴望人间的友谊与挚爱——这使他们能在感情上产生共鸣，彼此欣赏，彼此需要。所以，虽然他们常因观念和思想不同争得面红耳赤，但在生活中却仍是亲亲热热的一对。他们两个人白天手拉手一起出外游玩，晚上则像一对童年伙伴相拥而眠。他们的感情一开始时与其说是夫妻，倒不如说是姐弟，或两个单纯的小孩子之间的纯洁友谊。丁玲本人曾对此有过自述：

> 我那时对恋爱毫无准备，也不愿意用恋爱或结婚来羁绊我。我是一个要自由的人。但那时为环境所拘，只得和胡也频做伴回北平。本拟到北京后即分手，但却遭到友人误解和异议。我一生气，就说同居就同居吧。我们很能互相谅解和体贴，却实在没有发生夫妻关系。我那时就是那样认识的。我们彼此没有义务，完全可以自由。但事实慢慢变得似乎仍然应该要负一些道义的责任。我后来认为那种想法是空想，不能单凭主观，1928年就决定应该和也频白首终身，断绝了保持自由的幻想。

如果能不食人间烟火，丁玲与胡也频这一对神仙美眷在西山过着简直就可以说是神仙日子。他们的生活有点像鲁迅笔下《伤逝》中的知识分子涓生和子君的婚后生活。两个人，一个人穷，一个穷人，而且心思又不全在常人的"过日子"上，这日子当然就过得更加捉襟见肘。但是他们毕竟不是涓生和子君，他们都是在生活中摔打过的，所以能以一种浪漫情怀点化生活中的苦，让苦成为生活中可品可赏的一味。

北方的冬天寒冷而漫长。经常只吃菠菜、面条的丁玲和胡也频自然没有多余的钱使自己的小屋更温暖一些。他们已经有几个月交不上房租了。房东是一个善良的农民，见这对单纯、快乐的小夫妻生活得那么窘迫，也不忍催他们交房租，有时还会给他们送点吃的。

这段时间，他们常常挤着坐在窗下，一边热烈地聊天，一边晒太阳。

"很多年没有穿新棉衣了。这么冷的天，要是有一件新棉衣该多好。"胡也频忽然有些感慨。他把揣在袖筒里的双手往里插得更深一些，似乎这样可以更暖和一点。

"北京的冬天比常德的冷多了。西山好像又比城里还冷。"

"和福州就更没法比了。冬天还是福州更好过一些。"

"你想家了？"

"想什么？反正我是不可能回去了。我是个没有家的人。"

"为什么呢？"

"说来话长。这些事想起来心里就觉得有什么东西堵着。算了，还是以后再说吧。"也频轻轻搂住丁玲，很温存地说，"我过了很久没有家的日子，可是现在我终于有了一个家。家不是房子，也不是妻子，而是一个让人心灵安息的地方。"

丁玲被深深地感动了。现在她又一次发现自己与胡也频还是有不少共同的经历和体味。她想起了黑胡子冲,那个她一想起来就觉得心痛的故乡。她不是也不愿意再回这个名义上的故乡吗?丁玲不知不觉把头依在胡也频宽阔的肩上,身子紧紧地贴在他的胸前。在这个世界上,除了母亲,还有谁的心能和自己贴得这样近呢?王剑虹离开后,她再也没有与谁有过这种亲密接触。她喜欢这种亲密感,并不在乎它是源于友情还是爱情,她只知道这是两个天涯沦落人彼此渴求的平等感情。虽然以前她从没想过要把自己的一生交付给一个男人,但此时此刻,她也觉得遇上胡也频或许是命中注定的事。其实丁玲与她的好友王剑虹都有着那个时代杰出女性的共同之处,她们思想激进,才华出众,性格倔强,自视很高,同时也以一个较高的姿态对待社会,而把女人在不公平的环境中长期以来形成的依赖感掩埋在内心深处。这种依赖感因为被压抑,所以一旦能够释放,会比一般女人更强烈。但只有在她们觉得十分钦佩、完全信赖、完全平等的人面前,她们才会有所表露;只有对她们认为能够承受得起这份感情的人,她们才会付出。而一旦她们愿意付出,就会是全身心的,毫无保留的,就像王剑虹对瞿秋白。胡也频或许不像瞿秋白那么成熟,他还像枝头发青的苹果,还不能把丁玲这种思想比性格更成熟的年轻女子很快带到她心灵中最向往的境界,但是每一个青苹果都像是一座火山,每一个青苹果都有秋天的希望……

那时很少有成衣卖，请裁缝做又付不起工钱。于是，丁玲买了两段布和两斤棉花自己动手为胡也频做一件新棉衣。可是等做好了胡也频穿上，丁玲几乎笑弯了腰。

"笑什么嘛！这不是很好吗？"胡也频转了几个圈，高兴地说，"这下可暖和了。"

"你的胳膊……"丁玲看着胡也频的样子，笑得说不下去了，只好把他拉到梳妆镜前。

这时，胡也频也笑了起来。原来自己的胳膊被狭窄的袖子架着，一直像小燕子的翅膀似的张着。他努了点力才放下来。

"现在行了吧！"胡也频做了个抬头挺胸的姿势。

没想到丁玲笑得更厉害了，半天才直起腰来指了指镜子。

胡也频自己拿起镜子照了照，然后开始学女人走路的样子，一边走一边问丁玲："像不像？"结果让丁玲笑得眼泪都流了出来。

"快别学了，难看死了。怎么会做得这么瘦呢？简直像女人的旗袍。"丁玲终于忍住了笑，十分懊丧地说。

"瘦有瘦的好处，瘦才不钻风呢，蛮好。我明天就穿出去。"胡也频安慰她说。

"不行，这不是出我的洋相吗？"丁玲一想到胡也频穿着这件衣服去见人时的情景不禁又笑了起来。

可是他们再也没有钱做一件新的了。最后还是胡也频想了一个主意,把棉衣送到当铺里,用当的钱再去买点新棉花,塞到他身上穿着的、刚从当铺里取回来的旧夹袍里。一件成本七元的新棉袍,还不算丁玲的手工和来回车钱,只当回了四元钱,然后为买新棉花又花去一元——用北京人的话,这才叫"赔本赚吆喝"呢!可是胡也频并不以为意,很高兴地穿上了他的"新棉衣",还说只要棉花是新的、暖和的就行。

五、明星梦破灭

1926年,由于《民众文艺周刊》已经停刊,小两口的经济来源除了胡也频的稿费,就是典当。胡也频在社会上还是个无名诗人,而且当时文坛又门户之见甚深,因此,无名无派的胡也频不可能受到报刊的青睐,断断续续、"仨瓜俩枣"的稿费当然顶不了什么事。说起典当,总给人一种凄惨无奈的感觉,可丁玲和胡也频却能让它穿上一层浪漫的外衣。为了节省车钱,他们每次典当都是步行,从香山脚下一直走到西直门内。这一段漫长的路途成了他们的"浪漫之旅"。反正穷人的时间是不值钱的,他们就这样一路牵着手,欢声笑语,好像特意出来游山玩水一样,这一来一去几乎要花去一天的时间。丁玲本不似胡也频那般快乐无忧,但也完全被胡也频的快乐情绪感染了、征服了。这也许就是胡也频之所以最终能够吸引丁玲的特质。遭遇了太多挫折的丁玲很需要这样的鼓励和安慰。乐观是坚强、豁达的最佳表现，乐观的情绪是一帖很灵的安慰剂。女人总是比较爱做梦，而乐观的男人总是让女人生活在梦中，因此女人总是比较喜欢乐观、坚强、豁达的男人。胡也频虽然不像瞿秋白那样具备一个成熟男人的豁达，他常常会因为别的男人多看一眼丁玲或多与丁玲说一句话而流露出嫉妒的情绪，但是他乐观而坚强。从某种意义上说，丁玲或许比王剑虹幸福。因为胡也频把丁玲看成他的一切，但瞿秋白却做不到。

住在西山，毕竟太闭塞了。胡也频的朋友还偶尔来一下，但丁玲的那些女朋友都不方便来。丁玲越来越感觉自己与世隔绝了。她本是个爱热闹、爱幻想、爱飞翔的人，她不能满足身边只有胡也频一个人的生活，也不甘心过一辈子栖息在窝里的日子。胡也频的诗表现的生活也越来越局限在他们的二人世界，离时代与社会越来越远，因此发表的也没有以前多了。他们的生活越来越拮据，他们已经没有条件偏于一隅，过一种安逸的日子了。

这段时间，沈从文因为卖文收入低连冷水馒头的生活也无法满足，经亲戚介绍到香山慈幼院图书馆做小职员糊口。他有时也到胡也频住的碧云寺下边大街25号去看他们。二人碰到一起，话题绕来绕去，总是落在发表作品和出版刊物上。他们为此跑过不少报刊社，但都吃了"闭门羹"。

精神上的被流放感和经济上的入不敷出,使丁玲和胡也频在西山再也住不下去了。他们决定搬回城里,住进北京大学红楼附近临着北河沿的一家公寓。当时北京大学坚持蔡元培"思想自由,兼容并包"的办学方针,学校大门向社会敞开,学生可自由选听各种课程。因此,许多到北京求学的人为了上课方便都住在北京大学附近大大小小的公寓里。这些公寓中有不少是专门以穷学生为服务对象的,条件虽然较差,但房租却很便宜。一些有钱人家的子弟或到了北京却并不想听课的人也扎堆似的住在这里。大家图的就是这里的文化气氛。这些公寓的老板,似乎也受到了这种自由开放文化的熏陶,变得比较斯文宽容,当住客不能按时交纳房租时,也不像别处那样紧着催逼,而把人铺盖卷扔出来将租客扫地出门的现象就更少发生了。

胡也频重新置身在熟悉的环境中,重新开始发表作品,渐渐地竟也有点小名气了。像胡也频这样的文学青年经常自发地聚会在一起,有时在胡也频的公寓,有时在别处,胡也频总是爱拉上丁玲一块儿去。他们幻想他们的诗社和刊物时,讨论、争执作品时,偶尔也会征询一下丁玲的意见。丁玲这时的身份只不过是一位热情诗人的妻子而已,因此她常常推辞说:"这是你们的事,我懂什么。"有时推脱不过,也会说上两三句。丁玲虽然还没有过什么文学创作实践,但她很有天赋,所以每次都出乎这些诗人、作家的意料，有的人甚至惊呼："冰之，你应该写小说！"

　　创作是一件非常艰苦的工作，而指望靠创作谋生则更是一种痛苦，特别是这个作者没有被社会承认之前。从胡也频的创作中，丁玲深深体会到了创作的艰辛，所以她并没有那么快被卷入胡也频他们的"事业"中。虽然她置身在他们的群体中，但总觉得自己只是个局外人。可她也不甘心仅仅做一名年轻诗人的妻子。"一名年轻诗人的妻子"的头衔，使她渐渐失去了"独立"的感觉。而为了这两个字，丁玲从少女时代就开始了奋斗和抗争。怎样才能既实现理想，又保持独立呢？这是很久以来令丁玲困惑的难题。

　　1926年年初，中国电影、话剧开拓者洪深从上海带来一部影片，将电影这种新的艺术和娱乐形式介绍给了北京市民。很多人都跑到剧院一睹为快，丁玲和胡也频也不例外。爱新鲜、爱热闹的丁玲完全被这种新的神奇的艺术形式迷住了。那时候电影技术还相当简陋，所以演员的演技是十分关键的。丁玲觉得有些女演员演电影与在戏台上"做戏"没有什么区别，机械、夸张、做作，最主要的是一点儿也没有感情，显得很不自然。这要是在离得八丈远的戏台上或许还看不出来，可是电影把人放大得恨不得汗毛孔都看得清！让这样的演员去演电影，简直是糟蹋了这门艺术。她们演的新女性形象与她接触的、想象的都相去甚远。她觉得自己应该去演电影，让更多的人看到她塑造的真正的新女性形象。

"也频,我想去当电影明星。"丁玲郑重其事地对胡也频说。

"什么?"胡也频似乎没有反应过来。

"说不定你的诗还没有印成书,我在上海已成了大明星了。"丁玲半是认真半是揶揄地说。

"你就是爱异想天开,开这种玩笑。"胡也频笑了笑,没当回事,又埋头在他的诗上。

"我没有跟你开玩笑。"丁玲对胡也频不以为意的态度有点生气。

"你真的想去演电影?你不是三分钟热度吧?"

"你了解我的。"

"你能演电影吗?"

"为什么不能?你觉得我哪点儿不够条件?咱们前几天看的那部电影要是让我去演,一定比那个女演员演得好。所以我一定要去试试。"

"不行!我不同意你去演电影。"

"你有什么资格说不行?谁说不行都没用。我现在才知道你也这么虚伪。你别以为我不知道你心里是怎样想的,你是怕我去抛头露面,你也认为演电影的和过去的'戏子'没有什么区别,是不是?你平日里也唱着反封建的调调,可轮到自己时却一样封建。"

一席话说得胡也频哑口无言。的确,在当时,女人特别是有文化的知识女性在学校里演演戏玩玩谁也不反对,可真要想以演戏为职业,就需要些勇气了,包括她本人和她的家庭都不得不面对社会上的非议。胡也频自然也从没想过自己心高气傲的妻子会去当演员,难免感到十分突然。小两口开始怄气,好几天谁也不理谁。

丁玲没有因为胡也频的反对而动摇自己的决心,反而紧锣密鼓地悄悄行动起来。她给洪深写了一封信,表达了自己的愿望。洪深约丁玲到北海见面详谈。

当时,当女演员的大多还是把表演作为一种谋生手段。所以,洪深认为丁玲主要也是想找一份工作,就对她讲了许多当演员的辛酸与不易。他对丁玲说:

"如果你只是把电影演员当成一种新的职业,而不是把它当成一种可以为之献身的艺术,那么,做这一行会觉得很痛苦。而且,成名不仅需要个人的努力和天赋,还有环境和机遇的问题,因此,并不是人人都能成名。所以你要想好了,如果只是为了吃饭,以你的知识和文化,也可以去当教师,当职员,何必非要做演员呢?"

"的确,我现在很穷,很需要有一个工作。但是,我想做电影演员,并不只是为了糊口,而是因为我喜欢能发挥想象力的工作。看了先生导演的电影,我的想象力和创作的欲望都被激发起来了。这才是我不揣冒昧向先生请教和求助的原因。"

洪深被深深地感动了。他没有想到眼前这个衣衫朴素、略嫌单薄的女子竟有如此高见。他非常高兴地给丁玲写了一封推荐信。

丁玲要想当电影演员,就得到当时的电影制作中心上海去。可她穷得根本凑不齐路费,而胡也频又极力反对。他一方面不希望丁玲当演员,一方面也不愿离开在北京已经混熟了的文人学友圈子。可丁玲的几个女友却极力怂恿她去,并为她凑足了路费。其实她们心里也很羡慕当电影明星,但实在没有勇气。所以见到有敢去开路的,当然要鼎力相助,"有钱的帮个钱场,没钱的帮个人场",弄得胡也频只能眼睁睁看着丁玲不辞而别去了上海。他有心不去吧,可又实在是不放心,他不敢想象自己失去丁玲会怎样;去吧,那无疑是缴械投降,面子不面子倒是小事,关键是心里总是不情愿让丁玲成为大家的丁玲。犹豫半天,最后还是跟着追到了上海。

丁玲带着洪深的推荐信来到当时最大的电影公司"明星公司"。在公司里,她觉得自己简直是到了另一个世界。无论走到哪里,只要有男女演员和导演的地方,就可以听到他们毫无顾忌地打情骂俏的声音。有时候,无缘无故会听到一个女子尖细的叫声,虽然声音不高,也足够把大家的注意力一下子全吸引了过去,原来不知是谁在那个女演员的大腿上掐了一把。那个女演员似乎并没有怎么愤怒,只是娇嗔一句而已。观众也司空见惯了似的,报以快乐的微笑。这一切都使丁玲像第一次看西洋镜,惊诧不已。

终于轮到丁玲试镜了,她这才注意到旁边围观的人还真不少。他们全都抻着脖子、瞪着眼睛,看着她和她做梦也想不到会穿上身的华丽的丝绸长袍。那些色眯眯的目光使她感觉如芒刺在背,而导演和摄影师还让她摆出各种各样矫揉造作的"明星姿势"。镁光灯每闪一次,丁玲的心都像被闪电击中了似的,不禁一震一寒。

有道是"内行看门道,外行看热闹",可是不管内行、外行,都不放过对女演员品头论足的机会。

"这个大眼睛的脸蛋长得还挺漂亮,调教调教,准能成棵'摇钱树'。"一个制片商指着丁玲说。

"她可是我先看上的呦!看那对酒窝,一笑蛮甜的嘛。"另一个制片商说。

"怎么,你真的看上了这妮子?那我就让给你吧。"

丁玲听了这一切,十分气愤。她觉得那些人评论女演员就像在评论商店橱窗里的一件商品,或是在评论花街柳巷里的妓女。她这时才完全领会了洪深话中的含义。丁玲意识到,自己眼中那种电影独有的把想象变成现实的神秘之美已经被这样的社会风气扭曲了。电影如果像这样完全被流氓、商人操纵,迁就着低级趣味,无论如何也不会成为真正的艺术。这个社会制造了多少丑,又毁灭了多少美啊!

电影公司对丁玲很满意,要与她签订演出合同,却被丁玲拒绝了。可是丁玲并不甘心就这样回去,一来因为她的确很喜欢表演艺术,二来也因为有许多朋友盼着她成功，还有就是她很想做出个样儿来，让胡也频看看，她真不愿过早地承认自己的失败。她想起自己在上海大学时也曾演过话剧，完全不像演电影这样乌七八糟。于是她又找了在上海大学教过诗歌的田汉，他现在正是南国社的负责人。洪深组织这个剧团演出的改编自王尔德作品的话剧《少奶奶的扇子》，给她留下了很深刻也很美好的印象。

田汉是一个风流浪漫的诗人，生活中也是诗人脾气甚浓。因为是丁玲的同乡和师长，所以对丁玲也就不太拘礼。丁玲到他的办公室来找他时，他和一些朋友玩得正开心。丁玲看见几个男的正各自搂着一个穿旗袍的摩登女郎跳舞。再仔细一看，丁玲才发现所谓的摩登女郎竟都是男人装的。看他们的扭扭捏捏，听他们的嗲声嗲气，简直令人作呕。丁玲站起来转身朝门外走去。田汉忙追了出来，见她满脸是泪，就说：

"就因为这么一点点不习惯就想放弃你的理想吗？而且，要想成功，总是要付出代价的。其实只要你想开了，这些不过是逢场作戏，不必太当真的。"

后来，田汉还特意去看望丁玲，并写信慰问她，还说专门为她写了一个反映现代中国进步新女性形象的剧本，他请了许多有名和无名的演员去试戏，也想请她去。丁玲很受感动，感到盛情难却。可是她一走进摄影棚，那些令她厌恶的东西又像被搅动的水中的沉渣泛了上来。她知道这些对自己已经造成了心理障碍，使她根本不能把感情调动出来，集中到戏中的人物身上。

丁玲感觉到她的"明星梦"这次是彻底破灭了，确切地说是彻底醒过来了。她不知道是该悲哀，还是该庆幸。但是，田汉并没有照顾到丁玲此时的心情，依然和往常一样，与所碰到的女演员亲亲热热，嘻嘻哈哈，看见丁玲，又以一种老乡的热情和绅士的风度挽住她的手臂，优雅又有几分俏皮地说：

"怎么样，'女明星'，我陪你去喝杯咖啡，然后一起去跳跳舞，轻松轻松，怎么样？"

田汉在做这一切时十分自然，一看即知是在这个圈子里时间长了，早已见怪不怪了。但丁玲却很不自在。这时她想到了胡也频，想到痴情的爱人从北京一路追她到上海，突然间理解了胡也频不同意自己当演员的心情。她婉言谢绝了田汉的邀请，不顾一切地跑回了胡也频还在等着她的小屋。

六、用文学说话

北京依然是那么沉闷。丁玲随胡也频从上海回到北京后，变了许多。她经常沉默不语，对平时接触的一些文人、诗人也不似以前感兴趣。丁玲离开老家在外漂流以来，受过的最大的刺激是王剑虹的死，其次就是"明星梦"的破灭。自己在这个世界上真的是一无用处吗？实现梦想就一定要付出这样的代价吗？自己还能干点什么？难道就这样一辈子靠母亲每月寄的二十元钱生活吗？活着还有什么意义呢？

丁玲感到生的苦闷与无聊。而胡也频似乎并没有注意到丁玲的变化，虽然他对丁玲更加细心，更加一往情深，但一有时间还是照旧埋头写他的诗，照旧与那帮文友往来。对胡也频来说，诗也是一个爱人，诗有时候就是自己正热恋着的真实的爱人，有时候又与生活中的爱人抢夺他的精神世界。丁玲觉得自己似乎有点儿嫉妒胡也频每日的充实与快乐。她常常自问，为什么胡也频和自己的处境一样，但心境却不同呢？她觉得人心真是最不可思议的东西。渐渐地，她突然悟到，比自己还贫穷的胡也频之所以没有自己那么苦闷，不仅要养他自己还有着养家责任的他，之所以看不出有比丁玲更大的压力，完全是因为他找到了表达自己思想感情、寄托现实与未来的工具，这就是使他能在这个世界上安身立命的诗和他的笔。可是笔似乎是属于男性的，文章毕竟是千古之事，她这样一个到现在干什么什么不成的女子是否能拈起那如椽的大笔呢？可是冰心也是女子，在写作上却比许多男子更成功。还有自己认识的黄庐隐、凌叔华，在胡也频的一班男女文友中不也是出类拔萃的吗？

其实与胡也频的朝夕相处、耳濡目染，接续了瞿秋白当年在文学上对丁玲的引导,培养了丁玲对文学和语言的敏感。说来也怪,像丁玲这样一个爱"做梦"的女人,虽然守着个诗人,守着一个作家群,但她却从没有做过"作家梦"。或许是因为她从中学开始就意识到文学于社会终究是精神层面上的东西,不大实用,她去上海就是为了学习最切实用的学问;或许是因为她看到周围的作家都太潦倒;或许是因为她听到的不少文人都太无耻;或许是因为她的内向与自尊,她宁愿让这些苦闷独自折磨自己,也不愿接受公众的评论。直到第一次大革命失败,中国社会猛然陷入"万马齐喑究可哀"的境地,才使一直孤独地追求着个性解放的丁玲看到了个人命运与整个社会命运不可分割的联系。她感到自己的苦闷并不是一己的苦闷,自己内心的呼喊也是许多同时代人的呼喊。正像丁玲自己在《一个真实人的一生》中写的:

> 直到一九二七年,大革命失败,"四·一二""马日事变"等等才打醒了我。我每天听到一些革命者的消息,听到一些熟人的消息,许多我敬重的人牺牲了,也有朋友正在艰苦中坚持,也有朋友动摇了,我这时极想到南方去,可是迟了,我找不到什么人了。不容易找人了。我恨北京!我恨死了北京!我恨北京的文人、诗人!形式上我很平安,不大讲话,或者只像一个热情诗人的

爱人或妻子，但我精神上苦痛极了！除了小说我找不到一个朋友，于是我写小说了，我的小说就不得不充满了对社会的卑视和个人的孤独的灵魂的倔强。

丁玲自己认为，她写小说完全是因为寂寞。丁玲走南闯北，四处碰壁，却找不到出路，变得十分消沉。因为王剑虹的死，她远离了上海，远离了最早让她接触到革命思想的向警予、瞿秋白和李达夫妇，落在了一个处在阶级夹缝中的小资产阶级知识分子堆中，失去了奋斗的目标。她对社会不满，对自己的现状不满，心里憋了许多话想说出来，却找不到人听。她想找些事做，却又没有机会。这时只有笔可以完全听命于她，不会拒绝她的请求，不会歧视她的贫困，不会强迫她把自己的脸画得像四马路上的"野鸡"，不会强迫她去做自己不愿做的事情。她提起笔的时候，并没有想到文章能够发表。胡也频和他那些文友比她走上文学创作的道路早多了，而且对文学也比她专注得多，但是他们还经常为作品无处发表、不被重视而苦恼，何况她这个刚刚提起笔来的"黄毛丫头"呢？她不过是把纸作为一个最知心的朋友，把笔当成自己的语言，让它们代替自己分析一下这个社会，这个她越来越读不懂的社会。

1927年的秋天，丁玲完成了第一部作品短篇小说

《梦珂》，并揣着一颗惴惴不安的心寄给了当时有名的刊物《小说月报》。当时在《小说月报》当主编的叶圣陶慧眼识才，一眼就从来稿中看出了这位新作者非凡的文学才能。他在1927年12月10日出版的《小说月报》第十八卷第十二号上以开卷首篇的显要位置发表了这位名不见经传的作者的处女作，在文坛上引起了不小的轰动。胡也频和好友沈从文做梦也没有想到他们的身边竟埋伏着一个"大作家"，一夜之间竟获得了他们几年来梦寐以求却未能实现的成功！沈从文在《记胡也频》中提到了丁玲写《梦珂》的经过：

> 那个时候，《梦珂》的初稿已常常有一页两页摆在一个小小写字桌上，间或为熟人见到了，问这是谁的文章，打量拿到手中看看时，照例这女作家一句话不说，脸儿红红的，轻轻地将喊着，"唉，唉，这可不行！"就把那几张草稿抢去，藏到她自己那个装点信件一类的抽屉里面去了。若是好奇一点，无意地问着，"这莫非是想作第二个冰心的人写的？"那一面一定将说，"没有的事，文章自然是你们男子做的事，女人那里有分。"谦逊的言语里有小小的锋芒存在，这个话是有趣味的。

《梦珂》是法语"mon coeur"的音译,意思是"我的心",这是瞿秋白对王剑虹的爱称,在那张王剑虹全身照的背面,瞿秋白也是题的"你的魂儿我的心"。王剑虹的确是丁玲的"魂儿",是丁玲精神上的导师和守护神。失去王剑虹后,丁玲的生活一直都是失魂落魄的,即使有胡也频相伴左右,也代替不了王剑虹对她精神起的作用。因此丁玲在开创一项新事业的时候,很自然会想到王剑虹,似乎冥冥中仍是她在指引着自己,鼓励着自己,督促着自己。她把第一部作品命名为《梦珂》,有着明显的纪念王剑虹的含义。王剑虹已去世这么久了,仍能使丁玲念念不忘,这一方面可见王剑虹的魅力,一方面也可见丁玲是一个多么重感情的人,是一个感情多么深沉的人,或许单为这一点,她就天生该成为一个作家。

从《梦珂》中可以明显地看到王剑虹的影子和丁玲自己的生活经历。主人公梦珂的家世很像蒋家;梦珂的敏感、美丽、面色苍白,活脱脱是一个王剑虹;梦珂成为电影明星,最终走向堕落的深渊,则源于让丁玲耿耿于怀的在电影公司和南国社的经历。梦珂是一个有着"五四"进步思想的女青年,但又是一个未能完全摆脱封建社会影响的小资产阶级知识女性。她追求知识,却遇到调戏模特的男教师;她追求爱情,却遇到欺骗、玩弄女性的表哥;她追求事业,却不幸坠入欲望与世俗的深渊……这不仅是梦珂的人生经历,也是王剑虹、丁玲等"五四"后一代青年亲眼看见或共同经历的。丁玲的《梦珂》与冰心的作品同样描写了这一代青年探索、奋斗、失败的经历，但冰心往往以她的"爱的哲学"给出一个美好而虚幻的结局，而丁玲更为写实，真实地揭示了许多这一代人的悲剧性格，并以一种悲剧性结局作为对人们的警示。由此可以想见，《梦珂》在社会上特别是在青年人中引起的震撼。

时隔仅两个月，1928年2月10日出版的《小说月报》第十九卷第二号上又发表了丁玲的《莎菲女士的日记》，而且还是在同一显要位置。这篇小说使丁玲一举成名。

《莎菲女士的日记》是处在五四运动退潮时期的丁玲对社会、对青年，特别是对自己所处的这个时代、这个阶层的青年女性命运的更深层次的思考和更大胆直率的表现，为中国现代文学人物画廊创造了一个令人耳目一新的人物——莎菲。茅盾对这部作品给予了高度的评价：

> 在《莎菲女士的日记》中所显示的作家丁玲女士是满带着"五四"以来时代的烙印的；如果谢冰心女士作品的中心是对于母爱和自然的颂赞，那么，初期的丁玲的作品全然与这"幽雅"的情绪没有关涉，她的莎菲女士是心灵上负着时代苦闷的创伤的青年女性的叛逆的绝叫者。莎菲女士是一位个人主义者，旧礼教的叛逆者；她要求一些热烈的痛快的生活；她热爱着而又蔑视她

的怯弱的矛盾的灰色的求爱者,然而在游戏式的恋爱过程中,她终于从腼腆拘束的心理摆脱,从被动的地位到主动的,在一度吻了那青年学生的富于诱惑性的红唇以后,她就一脚踢开了她的不值得恋爱的卑琐的青年。这是大胆的描写,至少在中国那时的女性作家中是大胆的。莎菲女士是"五四"以后解放的青年女子在性爱上的矛盾心理的代表者。

《莎菲女士的日记》发表后,丁玲的文学创作激情一发而不可收,同年5月和7月她又在《小说月报》上发表了《暑假中》和《阿毛姑娘》,而且它们都位列首篇。同年下半年,上海开明书店将丁玲已发表的四篇作品合集出版,这就是她的第一本书《在黑暗中》。当时,胡也频的那班文友对丁玲开玩笑地说:"我们是背棍打旗出身,你是一出台就挂头牌,比我们幸运多了。"这时的丁玲已跻身于中国现代著名作家的行列,她和冰心被文学评论家称为中国现代文学史上女性作家中的"双璧"。

丁玲上下求索了那么些年都没有找到出路,却似乎是在无意中被文学这个"工具"找到了自己,而且与冰心类似,一登上文坛便受到了广泛关注,发表了一两篇作品就开始声名鹊起。找到了改造世界的"工具",就像是安上了飞翔的翅膀,丁玲从此像一只重返蓝天的鸟,在文学的天空中越飞越高。

古都北京，给了丁玲一个"海军学生"的真挚的爱，同时也使她的一生与文学结下了不解的情缘。

七、第一个自己看上的男人

如果不是和胡也频生活在一起，丁玲可能没有那么快找到文学这个最适合实现自己价值的载体。而如果没有遇上冯雪峰，丁玲可能不会那么快找到精神上的皈依，走上一条全新的带给她荣耀也带给她痛苦的道路。如果没有遇上冯雪峰，丁玲更大的可能性是成为一个杰出的作家，像同时代许多女作家一样，远离政治漩涡，幸福、优雅、平静、安定地度过一生。

丁玲发表《梦珂》以后，胡也频第一本小说集《圣徒》也由上海新月书店出版了，两个人的生活境遇有了较大改善，不用每天一睁眼就为眼前的柴米油盐和房租发愁，此前迫于经济原因而写作的压力也缓解了。这时他们才有心情想点更远的事。

这两个上进的青年从写作实践中感到自己读的书太少了。他俩曾非常向往北京大学这个新文化的圣殿，但都因没有受过系统的教育而错过，像胡也频就是因为英文太差，没能考上。他们非常渴望接受正规的系统的教育。当

时东渡日本留学的风气非常盛行。丁玲小时候，向警予曾邀丁玲的母亲余曼贞一起去法国留学，但余曼贞因为一来经济上比较困难，二来有丁玲姐弟的拖累，没能成行，丁玲知道母亲曾为此感到十分遗憾。因此丁玲从小就对出国留学很是向往。既然在北京上不了什么好大学，还不如到国外去学习。如果真能出国留学，不仅有可能找到一个新的天地，而且也实现了母亲年轻时的一个梦想，母亲一定会为此感到高兴和欣慰。丁玲越想越觉得兴奋，如果手头有钱的话，她会立刻就动身。

丁玲干什么都是雷厉风行，一边刚有去日本的念头，一边就张罗着要学日文。对丁玲，胡也频从来是言听计从，丁玲刚说要学日文，他马上就在朋友圈里撒开了网，让他们帮着找一个日文教师。

1927年冬日的一天，胡也频的朋友诗人王三辛带着一个青年来到了丁玲居住的公寓。

"丁玲，你要的人我给你带来了。冯雪峰，著名的'湖畔诗人'。"

丁玲不经意地瞥了一眼冯雪峰，惊愕地看着王三辛。丁玲以前倒是听说过"湖畔诗人"，也听人说冯雪峰是个文学天才，可是自己又不要学写诗，不知道这个王三辛为什么把他领来。

"他不仅是个出色的诗人，还是个出色的日文教师。"王三辛赶忙解释道。

这时，丁玲才有时间仔细打量这位"著名诗人"。丁玲见的诗人多了，胡也频的那班文友里哪个不能诌上两句？所以本来就很孤傲的她对冯雪峰也没有一听名头就肃然起敬的感觉。倒是他那乡下人似的装束，让久居都市的丁玲感到十分新鲜。周围的诗人，不管穷的富的，就算不是西装革履，也是一袭长衫，怎么着也得透着些文化人的风度。可眼前这位听起来应该很浪漫、很新潮的诗人，却一身中式衣裤的短打扮，而且头发也乱蓬蓬的，看起来比当初追自己追到常德去的胡也频还穷！再看那长相，可真够丑的，大奔儿头，那么突出，两片嘴唇，不，得叫两块嘴唇，又宽又厚，不像个精明人，看不出一点诗人的灵气劲儿。就这模样还写诗啊！最后，丁玲把目光停留在了冯雪峰的眼睛上。这时冯雪峰也正在注视着丁玲。四目相对，一瞬间，丁玲感到身子像被电击了一下，目光似乎被冻住了，怎么也收不回来。这是一双多么有神多么深刻的眼睛啊！尤其是长在这样一张其貌不扬的脸上，更显出了它们的光辉与夺目。丁玲忽然想，这个人之所以要长得这么丑，大概就是为了要突出这双眼睛。丁玲很久没有见到这样与众不同、这样有内容、这样吸引她的眼睛了。她不由在心里感叹，一个男人只要有这么一双眼睛就足够了！

丁玲哪里知道，站在她眼前的是一位有着伟大理想、坚定信仰、坚强意志和旺盛精力的共产党员。1927年11月，由于中国共产党在北京的组织被奉系军阀破坏了，冯雪峰暂时与党组织失去了联系，而且处于被通缉中，因此只好避居在未名社。这或许也是缘分，如果不是如此，冯雪峰哪有时间当日文教师；如果不教日文，恐怕也不会在此时与丁玲相识。

王三辛走了，寒冷的屋子里只剩下了丁玲和冯雪峰。他们在小书桌两边对面坐下。冯雪峰很像一个称职的老师，没有什么寒暄，就已经在纸上写下了一列日文字母。可是丁玲却不像一个听话的学生。她的目光并不在那几个像汉字偏旁部首的日文字母上，而是凝视着她的老师。小书桌太小了，两个人离得很近，两双眼睛简直就能看到对方眼睛里去。冯雪峰这才意识到，自己的影子竟映在了这个女学生镜子般明亮、星星般美丽、湖水般清澈的眸子里。这是一双灵动的会说话的眼睛，那温柔而犀利的目光像两只船桨，使这个诗人的心中泛起了颤颤涟漪。他想不到，初见时一脸傲气甚至有几分男子气的女孩，她的眼睛里竟会散射出这么迷蒙的目光，而且又是那么天真、单纯、直率。冯雪峰有些不自然地避开了丁玲的目光。

"我们现在开始吧！"

"开始什么？读这些枯燥的字母吗？还不如先谈些更有意思的话题。比如说你现在还写诗吗？"丁玲反而大大方方地一笑，有些顽皮地说。

丁玲这种自然的态度，一下子冲走了屋子里的尴尬气氛。冯雪峰感到放松了许多，他觉得丁玲既是一个很有女人味的女人,又是一个可以看作同性的朋友,与这样的女人相处的确是件轻松愉快的事。

"你现在主要介绍和研究俄苏文学理论?太好了!我一直都对俄苏文学感兴趣,但很久没有这方面的消息了。快给我讲讲吧,讲点新近的事。"丁玲热切地问。她所知道的苏联革命文学基本上还停留在瞿秋白当年向她介绍的范围内,听说眼前这个与胡也频差不多同龄的人居然与自己眼里的革命前辈做着同样的事,丁玲心中倏然升起一股钦佩之情和他乡遇故知的亲切之感。她离开那个圈子已经太久了,可是她的精神始终都与那个圈子有着难以割断的联系。

于是,冯雪峰就把他这两年翻译的《新俄文学的曙光期》《新俄的演剧运动与跳舞》《新俄罗斯的无产阶级文学》等小册子,以及他了解到的最新的俄苏文学的动态讲给丁玲听。就这样,他们从聊文学开始,聊政治,聊国事,聊感情,聊同样的寂寞情怀……冯雪峰知识的渊博、见解的深刻、思想的成熟和感情的深邃,使丁玲受到了强烈的震撼。而丁玲感情的细腻、思想的大胆和感觉的独特,也使冯雪峰刮目相看。

"丁玲,像你现在这样蜗居在这样的小公寓里,也不过是一个新式的家庭妇女而已。这简直是太浪费了,太可惜了!你应该到一个更大的天地中去,不,你应该到广阔无边的天空中去飞翔才对。你应该尽情地施展你的才华,让更多的人受益才对啊!"

"我?"

听着冯雪峰的话,丁玲激动得心怦怦直跳,原本就大的眼睛不由地睁得更大了。她沉寂多年几乎已成化石的心弦,竟被眼前这个刚刚才认识的"乡下人"三言两语就拨动了。几年前,一个男人不也曾对她说过类似的话吗?"你天生就是一个需要展翅高飞的鸟儿,像鸟一样飞吧,飞得越高越好,越远越好"。可是她飞来北京后,却没有找到目标,就又栖息了下来。这么些年,没有人提醒她应该继续飞,更没有人告诉她该往哪里飞。她曾以为,自从王剑虹去世后,这个世界上就再也没有人能理解自己、读懂自己了。其实连她自己也并不了解自己,并不知道自己要什么。就在她几乎忘了自己的天性时,竟然从天上落下来这样一个一见如故的人,他好像比自己都了解自己。丁玲此刻觉得自己就像一睡百年的睡美人,因年轻王子的一吻而醒过来一样,既幸福又不敢相信这种幸福是真实的。这才是自己一直等待着的可以托付终身的人,能够真正读懂自己,能够领着自己飞,能够在思想上引导自己、在精神上支撑自己的人。这时,丁玲从心底里爆发出一种强烈的想依靠在这个男人肩上的欲望。和也频在一起那么长时间,为什么从来没有过这种感觉呢?从这个男人身上,丁玲体验到了更复杂的情感,这种情感与自己和胡也频之间单纯的恋爱太不一样了。从这个比自己仅大一岁的男人身上，她意外地获得了从小缺乏因而加倍渴望的安全感和依赖感，她好像找到了一位父亲般的导师，而这些都是胡也频不可能给她的。与冯雪峰相比，她和胡也频的关系更像是一对少年玩伴和难友。

胡也频渐渐觉察到了丁玲的变化。为什么她老是和自己提起那个人？为什么老是以那样一种口气提起他？为什么她会认为他是最有文学才能的人？为什么自己为她写出了那么多诗，却比不上他的一席话？为什么一见他，她就那么快活？这些问题使胡也频陷入了烦躁与忧虑之中。但他却说不出什么来，他宁愿自己是在胡思乱想，是自己折磨自己，他害怕这是事实，害怕失去丁玲。他后悔自己"引狼入室"。本来胡也频很喜欢冯雪峰的诗，雪峰编译的那些介绍俄苏文学的书不是也让自己激动得彻夜难眠吗？他也很敬重冯雪峰的为人，这个人一看就是个很讲义气的朋友，如果丁玲不对冯雪峰这么好，他也会与这位"湖畔诗人"结成朋友。可是现在这个人却成了与自己争夺爱人的情敌！这一段时间，胡也频痛苦极了，他把这一切痛苦和怨恨都写进了诗里，他这一时期的诗，内容发生了明显的变化。

但沉浸在幸福与幻想中的丁玲却没有注意到"玩伴"胡也频的变化，每次冯雪峰来上课，丁玲都毫不掩饰自己快乐的心情。而这时，胡也频总是借故躲出去。他有几次想冲回家去，把偷走爱人的心的那个家伙撵走，可是又害怕让丁玲下不来台，伤害了她。胡也频太了解丁玲了。同居三年来，他在生活上一直顺着丁玲，从没想过约束她。他们从一开始就约好了，两个人都是自由的，谁也不能约束谁，而且至今他们两人都像恋人一样，还不是真正的夫妻。他们走到今天，几乎没经过什么曲折，胡也频从没想过他们会分开。每次一想到这件事，他都是越想越绝望。他也不能去质问冯雪峰，因为他心里很明白，要单是冯雪峰爱上丁玲也好办，可现在是自己的爱人爱上了别人，或许还是她先爱上了冯雪峰。

一晃到了1928年2月，冯雪峰在未名社里已躲了大约有三个月。丁玲一直对共产党抱有好感，瞿秋白等共产党人给她留下了美好的印象。得知冯雪峰是一名共产党员后，丁玲对冯雪峰更多了一层敬佩和仰慕，同时也多了一层深深的担忧。

"他们在通缉你？那你为什么还不快离开这里，每天冒着危险到这里来呢？"丁玲关切地问。

"在见到你之前，我是在等待机会离开这里去上海。可是现在我不想走了。"

"为什么？"

冯雪峰没有说话，只是以一种万分珍惜的目光望着丁玲。这目光像火，丁玲几乎要被熔化了。但是丁玲不是一个感情上黏黏糊糊的人，她从母亲那里继承了坚强的品格，特别是在关键时刻，常常是大义凛然，表现出一种大丈夫气概，决不会做小儿女态。

"不行，你必须离开，一天也不要再耽搁，明天就走。我宁可你活着离我远远的，也不要你冒着风险守在我身边。"说到这儿，丁玲停了一下，瞟了一眼雪峰的表情，见他仍是专注地看着自己，似乎不为所动的样子，于是叹了口气，接着说：

"我与也频这样也有三年了，我们之间已经有了很深的感情。他在感情上很脆弱，很专一。这一段时间，你也看到了，他很痛苦，这使我心里十分矛盾。如果我现在真的离开他，他一定会自杀的。"丁玲说这些话时，心里十分矛盾。她自己也说不清，自己这么说是真的舍不得胡也频，还是故意这样说，只是为了让冯雪峰死心，赶紧离开充满着危险的北京。

看着那双大眼睛中闪出的坚定的目光，冯雪峰知道自己只有服从。

看着冯雪峰怅然离去的背影，丁玲顿时泪如雨下。她觉得自己的心已经飘出了体外，追随着他去了。丁玲的心里突然一阵酸楚，不觉自怜自艾地在心中悲叹：爱上一个革命者是一件多么不幸的事。如果秋白不是一个革命者，就会全心全意地扑在剑虹身上。剑虹就不会那么孤独忧郁，就不会那么快得肺病，就不会那么快离开人世了。可是，刚刚因自己的拒绝而离去的这个男人，就是她这一生中第一次看上的男人。是他，一扫丁玲心中很久以来对男性的鄙视与轻蔑，使丁玲有生以来第一次被男性的精神力量震撼，第一次产生了一种与自己过去的自由思想相对抗的强烈的依赖感。为什么你现在才来？也许自己当初真应该听那些朋友的话，从常德回来就与胡也频分手。可是那时候与胡也频分手，是否仍有机会碰到雪峰呢？这大概就是命吧！丁玲是不相信命运的，所以她一直都在与命运抗争。可是造化弄人，命运让她现在碰到了。丁玲一想到这个男人的名字，身体里就像有一股电流通过一样，她知道这是一种强烈的发自灵魂深处的爱，从来没有哪个别的男人使她产生过这种感觉。这种爱给了她无限的勇气，使她不在乎向任何人承认，也不在乎被任何人耻笑，这是一种能让人不惜牺牲一切的爱。

1928年2月，冯雪峰走了，胡也频感到松了一口气，他用了百般的柔情安慰丁玲，也不再说刺激丁玲的话了。可是他觉得丁玲的目光常常是空空的、散散的，还时常无缘无故地发起愣来。他走过去搂住丁玲，丁玲会顺从地依在他的怀里，但是他却觉得自己抱着的是一个空壳，没有一点儿分量。一晃两个星期过去了，这在丁玲真是度日如年。她想知道雪峰是不是已经安全到了上海，想知道雪峰每天都在忙些什么，想知道雪峰是不是也像自己思念他这样思念自己。而身边这一个又总是一副隐忍着痛苦的样子，看了也让人心如刀割。她想念冯雪峰，痛恨关山路远，南北阻隔。平静地生活在北京的丁玲就像是被关在黑屋子里的人，是冯雪峰给她开了一扇窗户，让她看到了北京的死寂。他向她描述的南方充满了革命生机，向她展现了一种朦胧的希望。大革命失败后，每天都会传来沉痛的消息，这使丁玲悲愤不已，而最尊敬的九姨向警予被害的噩耗更像霹雳一样震惊了丁玲的灵魂，迫使她要去做些什么。她觉得如果再这样无所事事地在北京混下去，自己一定会疯的。

20世纪30年代最后几年，北京的文化界由盛转衰，许多报刊、书局都迁到上海去了。这种萧瑟的文化氛围一方面对丁玲和胡也频的创作十分不利，另一方面也使他们少了许多可以发表作品的地方。他们两个都是靠卖文为生，稿费是主要收入来源。他们的不少朋友，如沈从文，两个月前就去了上海，因此胡也频也产生了去上海的打算。但这时丁玲提出要去上海，他暗中认为丁玲主要是冲着那个人才闹着赶去上海的，所以他这会儿又开始坚决反对离开北京了。丁玲是什么样的个性，胡也频哪里能拦得住她？

"你不去可以，那我就自己去！"

丁玲是那种说得出做得到的人。雪峰走后两个星期，她果然扔下胡也频，一个人去了上海。胡也频一看丁玲真的走了，才知道丁玲这回是动了真情的，也慌慌忙忙地料理了一下北京的事务，南下跟到了上海。

第五章

上下求索

一、西子湖畔的抉择

丁玲和胡也频在上海见到的第一个老朋友是沈从文，他到车站来接他们，并把他们安排在自己位于法租界善钟路的家里住了下来。

冯雪峰专程来看望他们。时隔两个星期，冯雪峰看着丁玲的目光还是那么关切，只是他身上不再是乡下人的打扮，这使他的样子有些改变，显得好看了许多。他略带几分兴奋和调侃地对丁玲说：

"自从今年2月你的《莎菲女士的日记》在《小说月报》发表以后，'丁玲'立刻名满天下，成了大作家。这阵子正热呢！在上海，许多人都在到处打听'丁玲'是谁。要是他们知道你到了上海，还不得蜂拥而至，请你签名留念，估计得把这间小屋挤爆了。"

丁玲一听就烦了，说："他们管我是谁！我可不想变成动物园里的猩猩，让他们来白相。"

丁玲知道有些人从来不关心作品，却非常关心写这个作品的人。如果这个作家又是女性的话，就更会引起一些人的兴趣。有人批评她的作品，会令她不快，哪怕这个人是冯雪峰。但对那些溢美之词，她也十分反感。那些人未必是真懂得这部作品的好，夸也是瞎夸，没什么价值。冯雪峰虽然批评她，但她知道他是真正关心自己的人。丁玲的《莎菲女士的日记》刚发表没多久，冯雪峰就给她写来了一封长信。他在信中说，他是不大容易哭的，看了这篇小说他哭了。但他说他不是为莎菲而哭，也不是为丁玲而哭，他是为这个时代而哭的！他一面高度评价这部作品，鼓励丁玲继续写下去，可一面又说"你这个小说，是要不得的"！因为小说带着虚无主义的倾向，读了使人消极、空虚。这使丁玲很不高兴，也很不理解：别人都说好，为什么偏偏是你说"要不得"！你明明是看小说看哭的，可偏偏要说是哭别的！单纯的丁玲当然不可能站在冯雪峰的角度和高度来看待自己的作品了，但这也使丁玲觉得雪峰是与众不同的。

丁玲当年逃也似的离开了上海，对上海本没有什么好留恋的。此次她来上海多少也是冲着冯雪峰来的，可是自己在上海却成了公众人物，这种闹哄哄的环境，让她根本无法与冯雪峰专心在一起，同时也不利于写作。于是她向冯雪峰提出，想到杭州去找个清静的地方躲一阵子。

他们在上海只住了两天，就一起去了杭州。冯雪峰在西湖边的葛岭租了一套房子,就在玛瑙寺后的小山坡上。

暮春初夏时节的西子湖畔,细茵连珠,绿柳扶风,轻雨霏霏,长堤蒙蒙。这是一个多愁善感的季节,这个时节很容易让人产生无可奈何春去也的伤感和炎炎夏日如期至的烦躁。与两个心爱的人厮守在一起的丁玲也正是处在这样一种心境之中。

两个同时爱着同一个女人的男人,一个同时爱着这两个男人的女人,这三个人住在一起,该是怎样一种剑拔弩张的局面。但他们三个人又毕竟都是有理智的人,都是善良的人,这就使得三个人都十分痛苦。

丁玲自从认识冯雪峰后,朝思暮想着能和他朝夕相处。如今这个梦想终于实现了,丁玲的感情不禁强烈地震荡起来。只有在冯雪峰面前,她才强烈地意识到自己是女人;只有在他面前,她才能不自觉地放纵自己的软弱和依赖。丁玲后来在《不算情书》中,描写了她当时的感情状态:

> 我对你一点也没有变。一直到你离开杭州,你可以回想,我都是一种态度,一种愿意属于你的态度,一种把你看成最愿信托的人看,我对你几多坦白,几多顺从,我从来没有对人那样过。

这些文字真让人难以相信是出自性格孤傲、脾气倔强的作家丁玲的手笔。

丁玲从上海躲到杭州,为的是与心爱的人朝朝暮暮,共享良辰美景,同时也是想找个清静的地方专心致志地写作。可是在这三个月中,丁玲的心里如翻江倒海一样,情感被矛盾撕扯的痛苦已远远盖过了与心爱的人相聚的欢乐,这种痛苦常使她感到窒息。

表面看来,三个人中,丁玲是最幸福、最如意的。可实际上她在他们三个人中却是心里最矛盾最痛苦的那一个。因为她面临着选择,而陷于两难选择是一件最痛苦的事。她不想失去这一个,又不想伤害那一个。开始时,每次两个男人碰到一起,她就会提心吊胆,生怕他们俩会起冲突。可是他们两个见面时却总能客客气气的,保持着绅士风度。天真的丁玲便生出一种侥幸的心理,希望这是一道不用急于求解的难题,有足够的时间让这件事自然而然地向她希望的方向发展。或者就像现在这样,三个人像好朋友一样永远这么过下去。

但是对于丁玲努力保持的这种平衡,胡也频成了经常的破坏者。他可没有冯雪峰那么沉稳,他觉得再也忍受不了这种僵持局面的煎熬了。他心里有太多的不明白。为什么丁玲每次一见到冯雪峰,眼睛里都带着发自内心的喜悦的笑意,显得那么明亮?为什么她看冯雪峰的目光,那么温柔而漫长?她什么时候也没有这么看过我啊!为什么她对冯雪峰总是问寒问暖,那么体贴、细心?冯雪峰要是有一会儿略微有点沉默,她就会追着问半天,而我每天这么痛苦,她却根本注意不到。这一切都让胡也频十分嫉妒。他开始找碴与丁玲争吵,从冷嘲热讽到直截了当地指责。丁玲觉得胡也频违反了他们当时同居时的约定,坚持认为他们两个人都是自由的,都有追求自己理想的自由,因此经常反唇相讥。于是,两个人之间的危机越来越严重,争吵不断升级,而且越来越频繁,争吵到最后往往是以丁玲倒头痛哭、胡也频离家出走而告一段落。

大约就在他们到杭州后的第六天晚上,胡也频行色匆匆地跑回上海沈从文的住处。一阵狂乱的敲门声,沈从文吓了一大跳,打开门一看,见是一脸气急败坏的胡也频,不禁大吃一惊:

"咦,怎么是你?你不是和丁玲住在杭州吗?"

胡也频也没搭话,径直走到床边,重重地落在床沿上,露出一个凄凉的微笑。"我一个人回来了,我再也不回杭州了。"

"你们又吵架了?"

胡也频点点头。

"那你把丁玲一个人扔在杭州了?"

"什么我扔她,是她一心只想着那个人,是她不要我了,是她要把我甩了!""海军学生"像火山一样爆发了。

原来又是老戏码。沈从文心想,肯定是一番激烈的争吵,然后一个痛哭流涕,一个赌咒发誓,接着就是大门

"砰"的一声响……这种场面在北京也不知上演过多少次了。像他们俩这样的恋人——好的时候,自己的生命都可以献给对方,可是坏起来的时候,又恨不得取了对方的性命,沈从文还从来没有见过。

这天夜里,胡也频和沈从文两个人睡在一张大木床上,一直谈到深夜。胡也频像个告状的孩子似的,把心中的委屈一股脑儿全都倾倒了出来,甚至包括他和丁玲同居三年居然还没有过夫妻生活这样的事也说了出来。这使沈从文感到既好笑又同情,他同情这位"海军学生"的痴情,知道他们是一对打不散的鸳鸯,就只有拼命往好里劝。

胡也频的确有些孩子气,经沈从文再三劝解、再四打气,睡了一觉醒来好像把昨天发的"再不回杭州"的誓言全都忘了,一清早就赶回杭州去了。这两个人真是不打不亲的"冤家",每吵过一次架,和好后反而会比以前更好。

丁玲不得不冷静下来,重新审视自己对两个人的感情。她十分清楚,如果两个人同时站在自己面前,她会毫不犹豫地选择冯雪峰,因为她与冯雪峰之间思想情趣更为一致。丁玲后来在散文《不算情书》中写道:"从我的心上,在过去的历史中,我真真的只追过一个男人,只有这个男人燃烧过我的心,使我起过一些狂炽的欲念。"可是现在不是这种情形,胡也频是先站在她面前的,在她还不完全懂得什么是真正的男女之情时,她已经和他有了感情，一种亲昵而牢固的友情，并误以为这就是男女之间的爱情。直到遇见冯雪峰时，她才意识到自己和胡也频以前的感情虽然美好，但实在太不成熟了。所以丁玲虽然不否认自己爱胡也频，但同时也承认："那时我们真太小，我们像一切小孩般好像用爱情做游戏，我们造作出一切苦恼，我们非常高兴地就玩在一起了。我们什么也不怕，也不想，我们日里牵着手一块玩，夜里抱着一块睡。我们常常在笑里，我们另有一个天地。我们不想到一切俗事，我们真像是神话中的孩子们过了一阵。"丁玲的感情天平是完全倾向冯雪峰的，现在她只能用理智努力去校正这架天平。丁玲与胡也频同居了许多年，虽然还没有夫妻关系，但却建立起了牢固的感情联系。这么多年的感情说抛弃就抛弃了吗？丁玲明白，自己几乎是胡也频的一切，胡也频对丁玲是一种可怕的异性的爱恋，这种爱纯洁无瑕，是那么天真，又是那么疯狂。如果丁玲离开他，胡也频会垮掉，甚至会自杀，而她则会失去一个朋友。冯雪峰与胡也频不同，他还有他视同生命的革命事业。丁玲相信，即使她不能与冯雪峰结合，他们依旧可以成为生死相依的好朋友，依然可以互相帮助，自然相处。丁玲最终选择了牺牲自己的感情，把苦痛埋在自己的心里，使那两个人的生活都可以恢复以前的平静。

她对冯雪峰说："虽然我们不能共同生活，但我们的心是分不开的。在这个世界上，我只爱一个人，无论他离我有多远,这个事实永远不会改变。所以有胡也频在,我们的爱就只能是这种柏拉图式的精神恋爱。"

丁玲的话使冯雪峰非常伤心,他不甘心就这样离开丁玲,可他又不忍心看着丁玲陷于两难选择的痛苦境地,如果那样的话,他宁愿自己做出牺牲。冯雪峰是一个坚强的革命者,这决定了他不可能让自己长时期沉迷在个人的感情中,在个人感情与革命事业不能兼得时,他的选择与瞿秋白当年的做法会是一样的。所以当组织上要派他去家乡义乌从事革命工作时,他带着丁玲退给他的那些信,带着一颗失落的心,即刻独自离开了杭州。但是冯雪峰也是一个有血有肉的人,虽然他人离开了丁玲,但心却时刻惦记着她,以至于在给友人的信中,不能自已地流露出这种心绪,自我解嘲地写下了这样的话:

> 今日颇烦闷,终日萦思西湖,实在可笑。

理智的闸门,关闭了感情的洪流。在外人看来,这一场轰轰烈烈的恋爱,似乎就这样化解于无形了。

冯雪峰独自一人离去了,丁玲失魂落魄一般,觉得自己像一棵被掏空了心的老树。对胡也频,她从没有追他的念头,也从没有为他们的感情痛苦不安或有什么特别的幻想。但对冯雪峰,她是从心底里在追求着,甚至有过这样的想法,就是宁可失去一切,只要能听他说一句"我爱你"。她对雪峰的爱就像胡也频对她的爱一样疯狂,她恨不得两只眼睛一直望着他,自己的手永远被握在他的手心里。丁玲在心里呼唤着雪峰的名字,在梦里寻觅着雪峰的身影,用纸笔倾诉着对雪峰的思念:

> 我觉得每天在一早醒来,那些伴着鸟声来到我心中的你的影子,是使我几多觉得幸福的事。每每当我不得不因为也频而将你的信烧去时,我心中填满的也还是满足。我只要想着这世界上有那末一个人,我爱着他,而他爱着我,虽说不见面,我也觉得是快乐,是有生活的勇气,是有生活下去的必要的。而且我也痛苦过,这里面不缺少矛盾。我常常想你,我常常感到不够,在和也频的许多接吻中,我常常想着要有一个是你的就好了。我常常想能再睡在你怀里一次,你的手放在我心上。我尤其当有着月亮的夜晚,我在那些大树的林中走着,我睡在石栏上从叶子中去望着星星。我的心跑到很远很远,一种完全空的境界,那里只有你的幻影。

年轻的丁玲,在她以前的生活中,似乎还从没有过这样强烈而深沉的痛苦。过去她感受过孤独、寂寞之苦,感受过悲哀、绝望之痛,但她还都可以面对,都可以向朋友或向纸上诉说。而这一次,她却无法理清,无法面对,甚至不敢触摸,只能让这种痛苦囹圄地隐埋在心底深处。虽然她总是要写的,因为写作已成了她另一个至爱的情人,但她此时不能像写《梦珂》与《莎菲女士的日记》时那样,向一碰就会流血的内心深处挖掘,只有把目光投向身边的人和事。

一天早上,丁玲和胡也频醒来,发现一些东西被翻过了,但好像什么也没有少。他们猜想一定是被贼光顾了,只是因为他们的寒舍太名副其实,贼居然没找到一样东西值得受累拿走的。他们俩相互打趣说,真是有点同情这个三更半夜担惊受怕却一无所获的贼。于是就着这个有点黑色幽默味道的故事,丁玲创作了短篇小说《潜来了客的月夜》。与她以前的作品相比,这篇小说虽然在题材上是个突破,但在艺术创作上却没有什么可圈点之处。此外她还创作了《阿毛姑娘》。这也是一个别人的故事,但其与丁玲的创作一脉相承的是,对女性命运始终如一的关注和对女性内心世界的深刻揭示。《梦珂》和《莎菲女士的日记》反映的都是城市知识女性的思想脉络和不幸命运,而《阿毛姑娘》已经开始关注农村妇女。作者在这篇小说里,不是简单地反映她们的生活现状,而是深入到这个社会对她们心灵的影响中,落足在环境变迁对她们心灵的撞击上。

二、《红黑》的创刊

冯雪锋走后,丁玲和胡也频的爱情小舟重新停泊在了宁静的港湾。在丁玲这可能是表面上的风平浪静,但在胡也频却像是一块石头落了地。他把昨夜的风暴掷诸脑后,并且可以分一些爱给其他家人,有心情想到两个人以外的事情。

胡也频的一个弟弟为生活所迫,很年轻就去当了兵,没多久就在军阀内战中成了炮灰。他每次想起来,心里就特别难过。

一天,胡也频和丁玲在西湖边岳坟附近散步。胡也频看见一个十一二岁的小男孩,就想起了他的小弟弟,他对丁玲说:"我们现在生活宽裕些了,我很想把小弟弟从老家接来,带在身边,培养他成人。"

"好啊!你是长子,这是你的责任。"丁玲也想起了自己那夭折的弟弟,一阵心酸,"哎,我真羡慕你,有这么多弟弟。"

可是让他们始料未及的是,胡也频的信发出去没多久,他的四弟突然出现在他们在杭州的住处,而且张口就要哥哥给买一辆自行车,说是上学用。自行车?丁玲和胡也频的脑子里好像从来就没有过这么个稀奇东西。

原来胡也频的母亲带着两个小儿子已经到了上海。他们听说胡也频在上海这种大地方出了"大书",每月收入二百块钱,那不简直是发财了吗?所以他们决定不回老家了,要跟着做老太太和小少爷。

其实所谓胡也频的"大书",就是开明书店为他出的一本薄薄的戏剧集《鬼与人心》,总共一百六十多页,稿费只有五六十块钱,还没有丁玲刚发表的《阿毛姑娘》的稿费多。而且过着这种靠稿费的生活,连他们自己都很难说哪天又得回到交不起房租的日子,哪里能负担得起那么多奢侈的梦想。

丁玲和胡也频只好连夜退房,赶回上海。胡也频的母亲一看大失所望,心想原来儿子还是那么穷,跟着他别说吃香喝辣、荣华富贵了,就是过个安定日子都不可能,还是带着两个儿子回老家吧。

经此一折腾,《阿毛姑娘》的稿费花得也差不多了,再加上胡也频的母亲要求儿子每月往家里寄二十元钱,这种情况下,他们不得不把裤带勒得更紧,以每月八元的租金在贝勒路租了一个小亭子间。

虽然这时丁玲已经是个名作家了,胡也频也小有名气,但是写作并不像其他"生产"一样,说生产就能生产出来。何况丁玲是个很傲气的人,而胡也频也是个从不看重钱的人。虽然他们也时常为了糊口和不被房东扫地出门,找出一篇稿子,再找个容易给稿费的地方去发,但他们绝不会为金钱、为媚俗而写作。他们写作，是因为写作寄托着他们的希望，表达着他们的理想和追求，实现着他们的价值。写作已成为他们与这个世界沟通的桥梁和共生的理由，是他们的一种生存状态。

由于把全部希望都寄托在写作上，他们对上海的文坛十分关注，也会有选择地参加一些文坛活动和作家聚会，但这些活动经常让丁玲感到失望。

一次，在一家书店的宴会上，几个油头粉面的人突然发现了静坐一隅的丁玲，立刻满眼放光，走到她跟前。他们脸上堆着笑，有几个还死盯着丁玲的脸看，问着千篇一律的问题。丁玲看着这些修饰得很光洁的脸上那钉子一样的目光和做作的表情，听着他们的夸夸其谈和好像喉咙里有个架子撑着似的腔调，特别是那一口一个的"丁玲女士"，就想起了当年在电影公司见到的那帮人，心里直恶心。这时一个什么书店的编辑凑过来说：

"现在女作家可吃香喽！所以我们正在编一本'女作家专号'，都是有名的女作家。丁玲女士如能加盟，这套'女作家专号'一定更能够卖个好价钱。"

"你们是不是同时也出一本'男作家专号'？"丁玲平静地反问道。

"嗯？"这位编辑不明其意，愣在了哪里。

"文学与性别有什么关系呢？小说是男的还是女的？你是小说还是散文？"丁玲语带讥诮。

"这……"

"我是'丁玲',不是'丁玲女士'。我卖稿子,可不卖'女'字。"

十里洋场的上海滩,商业气息很重,出版业也同样。因此不随流俗的作家,即使如丁玲这样的"名家",也经常会尝到被经济绞索套住脖子的滋味。丁玲和胡也频的"固定收入"就是丁玲母亲每月寄来的二十元钱,稿费三块五块的就没准了。所以当初与胡也频母亲约定的每月寄回去二十块钱,只实行了三个月就坚持不下去了。正在困难之时,他们的老朋友沈从文伸出了援助之手。他推荐胡也频到彭学沛在上海主编的《中央日报》做副刊编辑,每月大约有七八十元的编辑费和稿费收入,这对丁玲他们来说简直可以称得上是巨款了。这张报纸是"现代评论派"的,但胡也频他们一直是埋头写作,对文坛的派别搞不大清楚,政治上就更不敏感了。胡也频与丁玲、沈从文三个商量后,把副刊名定为《红与黑》,于 1928 年 7 月 19 日创刊。丁玲为副刊的编辑工作也帮了不少忙,她的《潜来了客的月夜》就是发表在这个副刊上。她还四处以自己的名义发约稿信,请一些朋友捧场"不吝赐稿"。可是等进到这个圈子里,他们才渐渐有了从政治上看问题、处理问题的意识,才知道这个流派政治上有问题。于是胡也频只干了两三个月就辞职了,这个副刊也于当年的 10 月 31 日停刊。

虽然1928年丁玲的第一部文学作品集《在黑暗中》出版了,但这并没有从根本上改变他们的境遇。他们仍然过着倚文为生、朝不保夕的日子。雪上加霜的是,大革命后丁玲的母亲失业了,这样丁玲他们连那二十块钱的"固定收入"也没有了。于是,谋生便成了他们的第一要务。丁玲、胡也频,还有沈从文,这三个写字为生的人,首先想到的就是出书出刊。当时上海的小出版社很多,不用很大的成本就可以维持,而且丁玲他们还想,有了自己的阵地,不仅自己可以比较自由地创作,比较方便地发表作品,还可以帮同道出些好书。这时正好胡也频的父亲卖了老家的房子,带了一千块钱到上海来想投资一个福建菜馆。胡也频就说服父亲把这笔钱借给他们,他们照付他每月三分利。丁玲坚决反对举债。父亲死后,母亲被那些人逼上门来讨债甚至拦住轿子要钱的镜头,像噩梦一样经常在她的脑海中闪现。母亲曾多少次叮嘱她,宁可贫困,也不要因为借债而受人所迫。可是这回胡也频没有顺着丁玲,显得信心十足,沈从文当然站在胡也频一边,还有那一班文友也猛敲锣边。丁玲"寡不敌众",只好随了大流。

既然是出版社,就要有个门面和场面,这样丁玲他们原来住的亭子间肯定不行了。他们拿到借来的钱后,第一笔最大的开支就是在萨坡赛路204号租了一栋三层楼的一楼一底的房子。他们把楼下当出版处,雇了一个秘书之类的人,可没一两个月,这个人就开溜了,大概是看出了这个出版社没什么前途。丁玲和胡也频住在二楼，后来，丁母也从湖南来与他们同住。沈从文和他妹妹沈岳萌则住在三楼。

1929年1月，红黑出版社成立，《红黑》月刊和他们为人间书店编的《人间》月刊也同时推出。

曾有不少人猜测"红黑"的含义，众说纷纭。其实编者在创刊号的《释名》中已说得十分明确：

> 红黑两个字是可以象征光明与黑暗，或激烈与悲哀，或血与铁，现代那勃兴的民族就利用这两种颜色去表现他们的思想——这红和黑，的确恰恰是适合于动摇时代之中的人性的活动……但我们不敢窃用，更不敢掠美，因为我们自信并没有这样的魅力。正因为我们不图自夸，不敢狂妄，所以我们采用红黑为本刊的名称，只是根据湖南湘西的一句土话。例如"红黑要吃饭的！"这一句中的"红黑"便是"横直"意思，"左右"意思，"无论怎样都得"意思。这意义，是再明显没有了。
>
> 因为对于这句"红黑要吃饭的"土话感到切身之感，我们便把这"红黑"作为本刊的名称。

这三个年轻人都是经历过坎坷的人，且都是从文学中找到的出路,找到了精神的喷火口。他们对文学的认识早已走出了象牙塔,且对文学寄予了厚望,同时他们也看到了文学之路的艰辛,体会到了文学艺术负载的人生的沉重。1929年3月10日出版的《红黑》月刊的《卷首题辞》中写道:

> 如同凶猛的海水击着礁石,强硬地、坚实地生出回响的声音,这是人间苦的全人性活动的反映,也正是一切文艺产生的动力。
>
> 为一个可悲的命运,为一种不幸的生存,为一点渺小的愿望而奋力争斗,这是文艺的真意义。
>
> 负担着,而且深吻着苦味生活的人,也能够胜任这文艺的使命。
>
> 地球上没有黄金是铁色的;所以要经历一个黯淡人生,才充分地表现这人生的可悲事实。
>
> 文艺的产生是因为缺陷的,并且为这缺陷的人类而存在着。
>
> 要创作,必须深入地知道人间苦,从这苦味生活中训练创作的力。
>
> 文艺的花是带血的。

第一期《红黑》月刊出版了。封面是他们请刘既漂先生设计的。雪白的底色上，没有多余的装饰，只有用红墨印成的"红"和用黑墨印成的"黑"两个字，颜色对比分明，字体厚朴庄重。这样一本新刊，放在书店的橱窗和柜台里，分外夺目，受到了读者的欢迎，仅在上海一地就销售了一千余册。

《红黑》月刊在上海滩红起来了，既叫好又叫座。但是出版社的账上却是光有出没有进，书卖出去了，钱却收不回来。这不是卖得越多赔得越多吗？出版与写作到底是两个行当，他们三个有的是满腔热情和文学才能，但却缺少经商的头脑。结果出版社开张才半年多，月刊只出了六七期，书也不过出了七八本，根本没挣着什么钱，而且旧债未清，新债又举，最后只好关门大吉。欠下的债却没因关门就算了。沈从文给了三百多元，胡也频后来去山东教书，就把工资拿了出来，还少三百五十元实在没有着落，丁玲只好硬着头皮向母亲求援，总算连本带利还清了债。这也算是一场浪漫的冒险的代价。

出版梦破了，但他们最初以出版促进创作的初衷倒是实现了。丁玲的《庆云里中的一间小房里》《过年》《岁暮》《小火轮上》《介绍〈到M城去〉》等这一时期的重要作品都是在《红黑》月刊和《人间》月刊上首先刊出的。胡也频的《到M城去》也是刊发在《红黑》月刊上。在这一时期，丁玲还出版了她的第二本小说集《自杀日记》。

三、在山东觉醒

红黑出版社的债务,对丁玲他们来说实在太沉重了。他们想象不出来这些债务怎么才可以靠他们写作的菲薄收入还清,要想还清债务,就必须找些挣钱更多、来钱更快的工作。而他们所能想到和所能做的只有教书一途。于是沈从文经胡适介绍,到吴淞的中国公学教小说习作和新文学研究等课程。第二年秋季开学,他又转去武汉大学教书。胡也频经陆侃如和冯沅君介绍,到山东省立高级中学教书,于1930年2月22日离开上海。而丁玲则继续留在上海写小说。其实以丁玲当时的名气,她完全可以通过"亲近几个绅士名流,找到一个收入不坏的职业,个人从此慢慢向上爬,爬到上层社会去",但这与丁玲的理想和个性是相违背的。因此她坚持要选择"走自己认为是正确的路"——写作,为表达自己而写作,除了写作,丁玲觉得实在找不到一个更适合自己的职业。

自从1925年丁玲与胡也频同居以来,他们差不多都像一对小鸟一样天天厮守在一起,很少有分离的时候,就是不多的几次短暂的分离,大部分还是丁玲为着什么事暂时离开胡也频,像这样要被迫分开半年还从未有过。丁玲一直觉得胡也频并非是自己理想的爱人,自己与胡也频的关系更像是一种"伴儿",因此没有分开时,她并不觉得这个"伴儿"是不可缺少的。可是一旦分开,一个人回到没有"伴儿"的房间,丁玲才发现,在不知不觉之间,在打打闹闹的时候,她已经习惯了有胡也频陪伴的日子,哪怕是两个人痛哭流涕、赌咒发誓的激烈争吵,此时想起也是一种温馨,也是一种乐趣。

虽然已是初春,但天还是黑得很早。当余晖渐渐散尽时,屋子里显得更加冷清。昏黄的灯光笼罩下的一切,都在提醒着丁玲胡也频的离开。丁玲的心里也随着余晖的散尽变得空洞、寒冷。她觉得自己不能看这屋里的任何一件东西,也干不了其他任何事情。平时,丁玲烦的时候,写作常会使她的精神集中起来,使她的心平静下来。可是她现在做不到。因为她实在还不能让自己的心超然于那种对亲人刻骨铭心的思念之外,"而写文章是非有一种忘记一切现实和理想,神往到自己所创造的那境地去不可的"。于是她想,那就整理一下刚写完的稿子吧,她拿出《韦护》的手稿开始誊抄。这本书她是从去年冬天开始写的,从1930年1月开始在《小说月报》上已经发了两期。可是"韦护"也没能把胡也频挤出去。丁玲实在太想胡也频了,只觉得时间过得太慢。她盯着钟表发呆,看着长针走过一个字又一个字。一想到胡也频去了一个完全陌生的环境,就非常不放心。忽然丁玲千百遍地问自己:我们为什么要分离呢?我为什么不跟他去呢?是我不够爱他,还是他忍心离我而去？我一个人留在上海干什么？这时她开始讨厌他们临别时"少写信、不'无聊'不哭"的约定，流着泪用笔向亲人倾诉。在胡也频走后的头三天里，写信似乎成了丁玲唯一能做的事，那每天一封的信都长达两千多字。过去这对小恋人为彼此起了很多爱称，这在平时，丁玲觉得他们的爱情有点儿甜得发腻，但现在却觉得似乎什么称呼，无论是"我爱的频""爱人"，还是自己发明创造的"美美"，都难以表达心中爱与思念的感情。

> 现在是十一点差二分，我给你一个紧紧的拥抱！愿你在杂嚣的船上，想着你的爱人安然入睡！好，再吻一个吧，梦里再见，我的甜蜜的人！

> 想起有时你睡熟，而我细审你的酣态时所低低在心里叫着的"美美"来，便仿佛你还在我身边一样，而且仿佛你也正叫着我似的。然而别离是证实了，我们还要许多日子后才能再互相紧紧拥着而唤着只有我俩才知道的一切迷人的名字。

可是丁玲毕竟是丁玲，她知道胡也频只会想她想得更厉害，她害怕胡也频担心自己，所以她在信中叙写自己的相思之苦时，又往往会强打精神，给胡也频更多安慰和鼓励：

> 爱！请你告诉我你这时的心情，你后悔吗？我呢？我还找不到勇气来说一句感伤的话。仿佛觉得我们已经不是将爱情闹着玩的时代了。我们已经有了互相的深的爱和信仰，我们只能努力同心合一地在生活的事业的路上忍耐着。

丁玲想坚强一些，可是她做不到。特别是当她知道自己怀上胡也频的骨肉后，更加按捺不住对胡也频的思念。她这才意识到，她是多么依赖胡也频啊，她与胡也频的感情在这几年的共同生活中越来越深了。

4月，丁玲扔下了上海的写作，也没有事先通知胡也频，就不顾一切只身赶到了济南。这就是丁玲，无论是对自己的理想，还是对爱，只要她认定了，就会抛开一切顾虑，由着自己的性子去做。

分别近两个月，胡也频又何尝不思念丁玲？小别胜新婚，喜出望外的胡也频热烈持久地拥抱着丁玲，有着诉不完的离愁别绪。可是丁玲发现胡也频除了对自己的感情没变，其他方面像完全变了一个人。

别人告诉丁玲，胡也频成了学校里最激进的人，他成天宣传马列主义，宣传唯物史观，宣传鲁迅与冯雪峰翻译的那些文艺理论，宣传普罗文学。而被那么多人簇拥着正侃侃而谈的胡也频，显得是那么稳重、自信、坚定。丁玲几乎怀疑眼前这个人是不是原来那个只懂得诅咒人生、讴歌爱情的多情诗人，是不是那个喜欢怄气、永远长不大的大男孩。丁玲明显地感到，胡也频越来越像一个成熟的男子汉了，他的目光已从更多关注自身的命运转移到了更广阔的天地，即使他们两人单独相处时，谈论的也不再局限于文学、感情等狭窄的话题，"革命""唯物"等词汇频繁地出现在胡也频的语言中。之前在丁玲眼里，胡也频总是显得很幼稚，可是现在他变得更成熟更有思想了。这使丁玲感到既欣喜，又妒忌。丁玲较早接触革命思想，以前一直是她比胡也频激进，是她推着胡也频向革命的路上走。可是现在，丁玲觉得自己都有点跟不上他了。她问胡也频：

"你整天说的这些，你真的懂吗？"

"为什么不懂？我觉得要懂得马克思也很简单，首先是你要相信他，同他站在一个立场上。"

但丁玲并不完全相信，在这短短一两个月的时间里，胡也频真的把那些深奥的理论都弄懂了，他真的能像雪峰一样对革命理论懂得那么深。但这并不妨碍她觉得这个自己有些不懂的胡也频好像比以前更有味道了。

此时的胡也频的确已不是当年被人轻视的"海军学生"了，他得到了更多人的关注和尊敬。山东省立高级中学的校长是刚从省立曲阜师范学校调过来的张默生，他思想比较进步,很欣赏思想进步的师生。胡也频到学校后,很受学生的欢迎,也得到了这位张校长的信任,因此不久就被任命为教务主任兼文科主任。在胡也频领导下,一些学生成立了一个现代文艺研究会,参加的有四五百人。虽然名为现代文艺研究会,但他们从事的宣传活动早已超出了文学的范畴,有着很强的政治性。他们大讲无产阶级的普罗文学,以至于在整个学校里(包括校长、训育主任在内),都兴起了普罗文学热。5月4日这天,全校学生借纪念五四运动,举行了大规模学生集会,一群群的学生涌到丁玲和胡也频的家。他们那种兴奋劲儿,连身为作家的丁玲都觉得无法形容。她简直不明白为什么有那么多的学生拥戴胡也频。她到济南以来的一个月里,每天天一亮,就有人来找胡也频。看到他还没起床,他们也不走,就坐在屋子里等着,然后也不知都在做什么,直到深夜还有人不走,占去了不少胡也频与丁玲相聚的时光。

可是关注胡也频的不仅是进步师生,国民党山东省党部也开始盯上了他。时任山东省教育厅长的何思源觉察到国民党当局要抓捕胡也频后,立刻通知山东省立高级中学的校长张默生,要他转告胡也频赶紧离开济南,并拿出二百元钱让转交给胡也频做路费。张默生一听事关重大,亲自上门来找胡也频。可是胡也频一点也不害怕,送走张默生后,他对丁玲说:

"原本我倒是想暂时离开这里,到上海去找共产党。

可是现在我不想走了,我倒要留在这里看看,他们到底能怎么样。更重要的是我实在舍不下这些同学,他们需要我,需要我的帮助和鼓励。"

刚到济南才一个多月的丁玲也没想过这么快就要回去。她喜欢留在这里,因为她觉得是这里使胡也频变得离她的理想更近了。所以她说:

"也频也不是什么共产党,又没有做什么秘密组织工作,只不过是宣传普罗文学嘛,这难道也有罪吗?我们在上海不是也宣传过吗?在那里没事儿,在这里也不应该怎么样。"

正好与丁玲他们在一起的胡也频的同事董每戡也拿不定主意。这时另一个同事董秋芳正好来找胡也频,听说这事儿后,立刻说:

"也频你必须走,而且得赶紧走,今晚就走,一点也不能耽误。你们不知道,他们是来真的。而且要是真被他们抓住了,后果会不堪设想。"

听他这么一说,丁玲才觉出事情的严重,赶紧催着胡也频动身。

"那你怎么办?我不能把你扔在这里,要走也得咱们一起走。"胡也频拉住丁玲的手坚决地说。

"不行。"丁玲一到关键时刻就会表现得像个大丈夫,绝不会拖泥带水。但当她看到胡也频难受的眼神时,心又软了,不禁软语安慰道:"你先走,在青岛等我,我明天就会追上你的。"

胡也频在万分不情愿的情况下,只好一个人搭夜车去了青岛。第二天丁玲也赶到青岛,然后他们一起回了上海。

四、成了同路人

1930年3月2日,在中国共产党的领导和推动下,以鲁迅等左翼文艺青年为旗帜的中国左翼作家联盟成立,这是中国现代文学史上的一件大事。左联的成立,使当时一盘散沙似的中国艺术界有了一个统一的进步的民间组织,革命的进步的作家、艺术家可以团结在一面统一的旗帜下,齐心协力向黑暗势力做斗争了。而当时胡也频人在济南,丁玲则沉浸在与胡也频的离别之痛和对冯雪峰的思念之苦中,对左联没有更多地关注。

丁玲和胡也频逃回上海后,在环龙路的一个小弄堂里找了间屋子住下。他们见到的第一个老朋友是沈从文。他们一起回忆起那些"红黑"的日子,充满了留恋和无奈。沈从文希望再把《红黑》月刊办起来。其实丁玲和胡也频在回上海的路上就一直在盘算着今后的路怎么走,但他们并不愿意响应沈从文的提议。对上次的失败以及因此造成的债务缠身,他们仍记忆犹新,而更主要的原因是,此时更吸引胡也频的是参加革命活动,他的出身、经历,使他很容易站到无产阶级革命的一边。政治思想上的变化,使胡也频在文学创作上的兴趣也转向了左翼文学,转向了普罗文学。他不再喜欢过去那种独居一隅、个人奋斗的创作生活,他喜欢与更多思想一致的人在一起,做些他们共同愿意做的事,从中他找到了从未有过的自信和充实。丁玲也一样,经过这么一段风风雨雨,开始更加关注社会现象,她觉得过去写的莎菲之类的人物是她这个圈子里人人尽知的,她想去写一些更新的、以前更少人涉及的、却是在更广阔的社会中的人和事。不过才分手百日,三个当日的"红黑""同党"却在思想上和文学道路上产生了很大的分歧。

丁玲和胡也频回到上海没几天,冯雪峰就来看他们了。这时的胡也频见到冯雪峰已经能够保持相当的平静了。这倒不是因为冯雪峰此时已经结婚,而是因为有点儿革命经历的他,现在更能理解为什么丁玲一见他就像飞蛾见到火一样,不顾一切地扑了过去。冯雪峰作为一个革命者,他理智的精神、坚定的意志和宽广的胸襟不仅吸引了丁玲,也使胡也频折服。但是冯雪峰的出现,却又在丁玲心中掀起了波澜。冯雪峰仍像朋友一样与丁玲保持着深厚的友谊,对丁玲一直给予关心和关注,在困难的时候支持她、帮助她。丁玲始终无法把冯雪峰仅当成一个朋友,所以每次见到他,她的心里总是又甜蜜又疼痛,常常想还是躲开不见的好。但这一次见面,丁玲忽然感到,与逃避相比,她更愿意能经常看到这个自己从心底里热爱和尊敬的人,有他指引,自己心里才踏实。

冯雪峰给他们讲了一些左联的事,讲到了那些激动人心的革命活动,但他并没有直接出面邀请丁玲和胡也频加入左联。他知道丁玲曾拒绝过参加左联。那是左联成立前,当时胡也频已去了济南,姚蓬子经常去看丁玲,并陪她聊天。姚蓬子曾问过丁玲是否愿意参加左联。丁玲却没有直接回答,只是问冯雪峰是不是也参加了。当知道冯雪峰还是发起人之一时,丁玲"凝住眼光默思了一会儿,好像下了一个很大的决心预备牺牲什么似的"说,她还是不参加的好。冯雪峰知道,丁玲并不是不向往左翼文学,她这样做全是因为自己。而冯雪峰自己心里又何尝没有顾忌呢?他也不知道自己和丁玲彼此是否都能坦然面对,他不想把个人的感情带到革命工作中去,更不能因为这种感情给革命工作带来不良的影响。

冯雪峰走后没几天,又有一个人来敲门。丁玲他们打开门一看,是一个陌生人。这个人个子不高,年纪看着也不大,却很老成,但又不是那种特严肃、拒人千里之外的人。他总是主动聊起什么话题,而且很爱笑,笑起来显得非常机智。这就是潘汉年,他那时正担任中共中央宣传部文化工作委员会书记和左联党团书记。丁玲他们以前也听说过他,但并没有很注意,只是知道他是创造社的一个后辈。

潘汉年坐了大概有一个小时。他向他们详细介绍了左联的情况,讲了左翼文化运动的使命,这些使丁玲和胡也频感到,左联与过去的那些纯粹的文学派别完全不同,而且又有他们最尊敬的鲁迅先生的领导和支持,加入左联就不用自己在孤独中探索了,就可以找到更有希望的创作道路,投入到热火朝天的社会革命之中。这一切都契合了丁玲和胡也频当时的心境。不过才一个小时,丁玲和胡也频已经觉得与潘汉年好像是久别重逢的老友一样。因此最后说到丁玲和胡也频参加左联,也就成了顺理成章、水到渠成的事。他们在济南时不就是想找这样一个组织吗?胡也频表现得尤其兴奋,满口应承。丁玲这一次也克服了以前的心理障碍,痛痛快快地答应了。她在心里想,心爱的人从事的事业一定是对的。雪峰喜欢的,她也喜欢,她不能够为雪峰做什么,但可以为他的事业做些事情。更何况连胡也频都要参加,自己怎么也不能落在他后面吧!

后来丁玲在《回忆潘汉年同志》中对这一小时的意义做了生动的概述:

> 我们就在这一个多钟头里愉快地决定了我们的一生。也频一生虽然短暂,但他在此后的半年多的时间里所放射的光芒,却照耀着后代,成为有志青年的楷模。而我自己呢,五十多年来的艰

辛跋涉，也是在这愉悦地一席谈话之后，总结了过去多年的摸索，踌躇，激动，而安定下来，从此扎根定向，一往直前，永不后退的。

丁玲当时已怀有身孕，而且由于经济拮据，以前可以雇人来做的事，现在都要丁玲自己做。家务缠身的她很少参加具体的革命活动，她支持和参加左联的主要行动就是写作，作品《韦护》《一九三〇年春上海》就是最好的见证。

胡也频则是全身心地投入到了左联的革命活动中。他被选为左联执行委员，并担任工农兵文学委员会主席的职务。1930年夏天，由冯雪峰、王学文负责，社联（中国社会科学家联盟）和左联组织了一个暑假讲习所，胡也频有时还要到那里讲课。这时的胡也频经常早出晚归，在家的时间很少，有时候甚至连晚上都不回来。他把大部分精力都花在这些社会活动上，没有很多时间像以前那样成天"缠"着丁玲。但丁玲却觉得可以与他相谈的话题更多了，他的一些思想、见识开始超过了自己，他经常能讲一些丁玲不知道而又感兴趣的事，她在他身上竟找到了一些"同志"的感觉。"他变了，他现在已经走上了和秋白、雪峰一样的道路。他能做到这些真是了不起！"看着变得比在济南时思想更成熟、生活也更有目标的胡也频，丁玲不禁在心里感叹着，渐渐地对这个曾经的"玩伴儿"心生出一种与以前不同的敬重之情。对比之下,丁玲感到自己虽然也在不断进步,但胡也频的是飞跃,而自己则是在慢慢地爬。

1930年5月的一天,胡也频又是一早就要出门。他平时差不多什么事都要向丁玲汇报,但这一次却什么也没透露,只是有些神秘地说:"今天和明天晚上我不回来了,你晚上睡觉时小心一点,把门关好了。"

丁玲一听就知道这次一定非比寻常。她点了点头,只是像平时一样,帮胡也频抻了抻衣襟,什么也没有问。

胡也频来到一幢很阔气的小洋楼前。他注意到,通往小洋楼的街道上,多了一些卖小人书和零食的小摊贩,还有一些好像在歇脚的黄包车夫。他知道这些人都是为他所要参加的会议设的岗哨。为了不引起敌人的怀疑,半个月前,他们就被安排在这里了。

这幢小洋楼是专为此次在上海秘密召开的全国苏维埃区域代表大会临时租用的。在局外人来看,这幢小洋楼与上海滩别的有钱人家的公馆没什么两样。出入的都是穿着入时的太太小姐和西服笔挺的老爷先生,屋子里家具装饰奢侈豪华,留声机里飘出嗲声嗲气的女人的哼唱,混合着打麻将洗牌时"哗啦哗啦"的声音,有时还会冒出一声惊喜的尖叫"胡了胡了"。小心而安静的仆佣或垂手侍立,或穿梭忙碌。胡也频被一个用人领到三楼。有人告诉他,洋房的上层通着一家医院,已用楼板接了起来,万一出事，就从那时疏散。

这次会议总共要开三天，有来自全国各地、各苏区的代表共五十多人参加。胡也频是左联推选出来的代表之一。来前他就被告知，开会时，外埠代表先进去，本埠代表后进去，进去以后就不出来了。会议散后，也是外埠的先撤，上海的最后离开。所以当胡也频进屋时，屋里几乎已经坐满了人。

这是一间大屋子，虽然有大大的玻璃窗，但全都关着，还拉上了厚实的窗帘。虽然屋顶的枝形吊灯通明瓦亮，但与日光相比，整个屋子还是显得有些昏暗，这更加重了会场内的肃穆，使进来的人不由地屏声静气。会场四周挂满了饰有镰刀斧头的红旗，主席台正中并排悬挂着马克思和列宁的像。整个会场的气氛显得既庄严又热烈。第一次身临这种氛围，胡也频感到血脉偾张，心情激动不已。

开完会，他径直赶回家去。他多想立刻就能让爱人和他一起分享这种从未有过的快乐感受啊！两天未见，他俩紧紧地拥抱在一起，丁玲感到胡也频的拥抱是那么有力，而且久久不肯松开。胡也频兴奋地拉着丁玲的手，诉说着自己内心的激动。他多想把在会上听到的、看到的都告诉自己的爱人啊，可是他知道这是有纪律的。丁玲对地下工作有些经验，在过去与瞿秋白、雪峰的交往中，他们虽然跟她谈天谈地，但一谈到他们的革命工作，总是守口如瓶。因此，她见胡也频欲言又止、脸涨得通红的样子，早明白了，就说：

"你不必说出来，我也能懂。"

"我就知道你能懂，在这方面，你一直都是比我懂得多的。"胡也频放开丁玲的手，在屋子里兴奋地转着圈，"我太激动了，我要写，我要写，我要把这些都写到我的小说里去，让所有的人都知道！"

这时胡也频才好像想起了什么事，说："光顾我自己高兴了，现在也让你高兴高兴。"

说着他从口袋里掏出一封信递给丁玲。

"这是什么？谁的？"

"一位老朋友。"胡也频停顿了一下，看着丁玲有点困惑的目光，笑着说，"你打开看看不就知道了。"

丁玲展开折叠得整整齐齐的信笺，一见上面那秀气端正的字迹，不用看署名，她就知道这是谁的。她抬起头，以掩饰不住的兴奋的目光探询地看着胡也频。胡也频笑着点点头，说："是他。他也参加了会。"

瞿秋白！这个熟悉而让人痛苦的名字，自从多年前北京戏院里的不辞而别以后，早就与自己没有什么关系了。丁玲抑制住内心的激动，飞快地读着这封信，感受着他真切的关怀，一幕幕往事浮现在脑海里。随着岁月的流逝，丁玲对瞿秋白的怨恨早已消散，只留下了原有的尊敬。可能是因为她与革命活动的关系比以前更紧密了，因此她在不知不觉中渐渐理解了他。最后她的目光落在了信末的署名上——韦护，丁玲心中的潮水更加汹涌了。"韦护"？她知道他曾用过这个笔名，有时也用相似的"屈维陀"做笔名。他告诉过丁玲，韦护就是庙里面朝佛祖、背对殿门的那个韦陀菩萨的名字，就是因为他疾恶如仇，最爱管人间不平之事，佛祖才不让他面对人间。丁玲的那部"革命加恋爱"的长篇小说《韦护》，就是以瞿秋白与王剑虹的故事为素材的，表现了革命与爱情的矛盾。丁玲心想：他以前的信没有用过这个名字，这次特意用这个名字，一定是看过了自己的小说。但令丁玲失望的是，瞿秋白并没有提到她的小说，更没有对她的小说创作提出什么意见。她哪里知道，瞿秋白不仅要与外部的敌人周旋，还要与党内的错误路线做斗争，政治斗争的激烈和残酷早已使他无法分神去更多地关注文学了。

瞿秋白的确很喜欢"韦护"这个名字。这个名字里寄托着他作为一个革命者的人生理想，同时也体现了一个受中国优秀传统文化思想影响的文人的浪漫情怀。所以丁玲生下儿子以后，他会建议丁玲给孩子取名叫"韦护"。丁玲也热爱这个名字，她不仅把这个名字给了自己小说中那个倾注了自己很多心血的主人公，也把这个名字给了自己的第一个儿子。丁玲的儿子满六十天时，沈从文去看丁玲一家，丁玲拿出一张新照的一家三口的合影给他看。照片的背面就写着：韦护满六十天，爸爸预备远行，妈妈预备把孩子交给他的外婆。

晚上,丁玲激动得在床上躺了很久才睡着。可一觉醒来,灯仍亮着,她欠起身一看,胡也频还伏在小桌子上。他一会儿疾写,一会儿凝眉沉思,有时候嘴里还念念有词,全然没有注意到丁玲的动静。

"你还在写吗?再不睡,光明可真在你前面了。"丁玲坐起身探问着。

"把你吵醒了?"胡也频停下笔,走到床前,坐在床沿上,让丁玲重新躺下,"我马上就睡,你快睡吧。你现在可不一样了,休息不好,咱们的小宝贝会抗议的,我可不想他在你的肚子里游行示威、大闹天宫。"

丁玲被胡也频逗乐了,她顽皮地说:"你干脆改行算了,当个职业革命家,别当什么劳什子的作家了。"

"那可不行。革命家和作家我都要当。我现在才明白笔也是一种很厉害的武器,写作也是革命行动,我不仅要参加革命活动,还要用笔来做斗争。"

丁玲看着胡也频那认真的样子,温柔地劝道:"你现在做那些事已经很辛苦了,就先把写作放放吧,或者少写些嘛!"

"那怎么行!以前不明白为什么要写,不知道写什么,还写了那么多,现在明白了,更该写了。好了,快闭上眼睛睡吧!"

丁玲知道胡也频就是这样一种人。经过这么多年的流浪和寻觅，一旦他找到一个与自己的感情、立场一致而对方又肯接纳他的"家"，他就甘当马前卒，什么事情都肯为它做，干什么危险的事都不怕，吃苦受累就更不算一回事了。

自从加入左联以来，胡也频就是这样白天忙忙碌碌，为宣传进步文艺和革命思想奔走呼号，晚上还要点灯熬油地写小说，搞创作，眼睛里常常布满了血丝。他的小说《光明在我们的前面》就是这样写出来的。看着胡也频伏在书桌上的身影，丁玲真是又高兴又心疼。

这一时期，丁玲他们的生活过得比以前任何时候都艰苦都严肃。他们俩都是性格豪放的人，不会也不想去算计柴米油盐的事，虽然穷，但花钱却大方。以前有了稿费，他们总爱在一两天内就挥霍掉。可是自从他们参加左联以后，胡也频写作少了，能发他们作品的刊物少了，稿费自然也没以前多了，再加上丁玲还怀着孕，未来的孩子也是要花钱的，所以他们不仅一直住在简陋的屋子里，还取消了一切娱乐，来了稿费除了日常开支，全都攒了起来。直到丁玲即将临产，他们才搬到万宜坊，这里靠近法国公园（今复兴公园），环境和房屋都比较好些。

这年 11 月 7 日，正好是苏联十月革命纪念日那天，丁玲住进医院待产。第二天早晨，外面下起了大雨，雨点噼里啪啦地打在玻璃窗上。听着滚滚雷声，丁玲感到一阵阵的剧痛袭来。这时她多想胡也频能守在自己的身边啊！

九点多钟时，胡也频终于来了。几缕湿发覆在他的额上，肩头的衣服和裤腿都有些湿。他两眼红肿，一看就知道又是一夜没睡。但是他的精神却很好，他兴奋地对丁玲说：

"《光明在我们的前面》已经完成了。你说，现在，光明不正是在我们的前面吗？"

中午，丁玲生下了一个男孩，这就是胡小频，后来丁玲的母亲为这个孩子取名为蒋祖林。胡也频看着自己的儿子，看着这个"光明"，不禁哭了，而且哭得很厉害。胡也频很小就离开家做学徒，多少年独自在外闯荡，过着缺少爱与同情的生活，形成了乐观、忍耐的性格，很少会为什么事情流眼泪。丁玲当时想胡也频的哭，大概是心疼自己吧，或许是因为有了儿子而感到幸福吧。后来到了第二天，胡也频才告诉丁玲，当时他哭还有一个原因，就是他在左联的全体会上，被选为出席全国苏维埃第一次代表大会的代表，而且他已申请入党。听了这个好消息，丁玲也哭了。是啊，胡也频在许多年的黑暗中挣扎、摸索，找不到一条人生之路，现在终于找着了，而且在这么短的时间里就有了这么大的进步，这怎么能不使他对未来充满信心呢？丁玲这才明白，昨天胡也频所说的"光明不正是在我们的前面吗"这句话丰富而深刻的含义。

大概在他们的儿子出生两个月的时候，胡也频的入党申请获得了批准，而且在上海市的七个团体选举中，胡也频参加苏维埃第一次代表大会的事也定了下来。晚上，胡也频把这个好消息告诉丁玲时,脸上露出了矛盾和负疚的表情,说:"我现在犹豫了,还去不去呢?我怎么能在这个时候离开你呢?孩子还太小。"

丁玲也希望胡也频能陪伴在身边,但她明白,去参加那个会议,对胡也频意味着什么。于是她露出轻松的微笑,对胡也频说:"你去吧,孩子我一个人带能行,你放心去吧!"

"要不,我们一起去吧,带着孩子。"

胡也频的话让丁玲的心一动,江西也是她心中向往的圣地!可是她立刻又恢复了理智,说:"你又说孩子气的话了。孩子这么小,而这一路又不知会发生什么事。你就一个人放心地去吧。"

"那我们把孩子送回湖南,妈妈一定很想见见他呢!"

最后他们算了一下时间,觉得来不及。左联的一位领导人冯乃超知道他们的想法后,主动对胡也频说,他身边也正好有一个小孩,多带一个也没什么,他愿意帮他们带孩子。可是丁玲早知道,冯乃超生活也很困难,他自己大一点的孩子也是因为自己无法带而送回了老家。而且他们与冯乃超并没有什么私谊,只是同志关系。这件事使丁玲感触极深,她在回忆胡也频的一篇文章中真实地记录了她当时的感受:

> 当时我们有一夜没睡,因为第一次感到同志

的友情，阶级的友情，我也才更明白我过去所追求的很多东西，在旧社会中永远追不到，而在革命里面，到处都有我所想象的伟大的情感。

丁玲和胡也频沉浸在喜得麟儿的幸福之中，但家里毕竟多了一张嘴，这使他们的生活更其艰苦了，但他们也因为"光明在我们的前面"而过得知足、快乐。丁玲为胡也频准备着行装，胡也频也在想办法筹措些钱，他想尽可能为丁玲母子安排好生活，并为丁玲继续创作提供好一点的条件。为了不让丁玲感受到经济上的压力，影响她的创作情绪，胡也频悄悄去当铺把自己的两件冬天穿的长袍当了，虽然这时北风肆虐的冬天还没有过去。他还悄悄地赶写着能换稿费的稿子，虽然他也讨厌写这些没什么价值的东西。实在没办法的时候，他也会悄悄地向朋友借些钱，可是他那些左联的朋友大多穷得很。1931年寒假，沈从文从武汉大学回到上海。他一安顿好，就来看胡也频和丁玲。他看到胡也频衣裳单薄，立刻脱下自己身上新做的一件海虎绒袍子披在了他的身上。于是这位老朋友就成了胡也频最常借钱的"债主"。

胡也频暗中所做的这一切，丁玲都看在了眼里。她从心底里感谢胡也频，正是从这些小事中，她越来越深地感受到了胡也频的爱，感受到了这种相濡以沫、平淡而隽永的真爱，直到几十年后回忆起来，都难以忘怀：

一直到现在，只要我有作品时，我总不能不想起也频，想起他对于我的写作事业的尊重和尽心尽力的爱护与培养，我能把写作坚持下来，在开始的时候，在那样一段艰苦的时候，实在是因为有也频那种爱惜。

不知是因为盼着孩子快点长大，还是因为盼着动身去江西，或是因为生活一天比一天艰难，丁玲和胡也频都觉得日子过得似乎慢了下来。丁玲为胡也频准备的行装打了又拆开，拆开又打上，已经折腾了好几次了，她老觉得落了什么似的。现在他们最喜欢做的事除了交谈左联和写作外，就是共同描绘孩子的未来，共同憧憬胡也频的江西之行。而这时不幸却正在悄然降临。

天气虽然还是那样冷，但夜却一天短似一天，丁玲和胡也频的心情也正一点点亮起来，向着春天不断进发。他们不知道接下来的会是一个从未有过的寒冬。

第六章

左联女战士

一、胡也频遇难

1931年1月17日一早,胡也频又要出去。丁玲知道这几天胡也频差不多天天去苏维埃代表大会准备会所在地接头,询问具体的动身时间。丁玲已为他把行装准备好了,就等着日子一定就走。但平时胡也频都没有这么早出门过,所以她关切地问:

"怎么走这么早?还是去接头?"

"不是。今天是去左联执委会开会。"

"要开一天吗?"

"不用,我中午就能回来。开完会,我想去买块白布做成挽联送给房东。① 或许看在挽联的分上,他倒不好意思今天就赶我们走了。"

"我们连房租都付不起,哪有钱买什么挽联?"

---

①编者按:因房东的儿子突然去世。

"再到从文那里借两块钱吧。"

即使到了这样的窘境,胡也频也好像不知愁似的。他穿上那件海虎绒的袍子,嘴里说着"真暖和",脸上露出了孩子般的天真的笑容,临走时还兴高采烈地对丁玲说:

"中午等我回来吃饭。"

可是到中午了,胡也频都没有回来。丁玲也没有太着急,心想大概又是让什么事给绊住了。胡也频以前也经常有这种"不守信用"的时候。

大约下午三点多,外面有人敲门。丁玲以为肯定是胡也频回来了,心想一定要好好数落数落他,言而无信,说好了不回来,害得这饭凉了热,热了凉,简直都快没法吃了。可是她又觉得这敲门声与往日有点不同。她起身去开门,站在门口的却是沈从文。

"胡也频还没有回来吗?"见家里只有丁玲一个人,沈从文有些奇怪地问。

"他说中午回来吃饭,可这会儿了,还不见人影。"丁玲语气中有些抱怨,"真拿他没办法。从文,你怎么这会儿来了?有什么事吗?"

"也频约我下午来帮他写挽联。可他现在还没有回来吗?不会啊。他拿了钱十二点就从我那里出来了。我本想留他吃饭,可他说还要去先施公司买块白布,而且和你约好了回家吃饭。他怎么也该回来了。"

这时丁玲的心开始紧张起来。这一阵子不是这个人被捕了,就是那个人被抓了,她真害怕出什么事。

"别是出什么事了吧?"沈从文突然小心翼翼地嘟囔了一句。

丁玲迟疑了片刻,故作轻松地笑笑,说:"也许碰到什么熟人或又有什么任务了吧。不要紧的,反正晚上总要回来的吧。"

可是丁玲脸上的笑容随着话音落地,瞬间就消失了。她抱着孩子,呆呆地望着窗外灰色的天空。他们就这么静静地坐着,又等了一会儿。

"他会到哪里去呢?咱们还是到哪里去找找他吧!"沈从文忍不住又试探地问了一句。他知道此时丁玲一定比自己更难受,只是她就是这种脾性,不愿意露出来罢了。

沈从文话音未落,丁玲突然把孩子塞给从文,一句话还没说完,她人已经在门口消失了。大约过了一个多钟头,这时天几乎已经黑了,丁玲才失魂落魄地回来。她默默地接过孩子,面对沈从文焦急的询问,只是摇了摇头。看着她紧咬着的嘴唇,本来还想再多问几句的沈从文把话咽了回去。

可是直到天黑,仍没有胡也频的消息。丁玲在《一个真实人的一生中》描写了当时自己急切想找到胡也频的情景:

> 天黑了,屋外开始刮起风来了。房子里的电

灯亮了，可是却沉寂得像死了人似的。我不能待下去，又怕跑出去。我的神经紧张极了，我把一切想象都往好处想，一切好情况又都不能镇静下我的心。我不知在什么时候冲出了房，在马路上狂奔。到后来，我想到乃超的住处，便走到福煦路他的家。我看见从他住房里透出淡淡的灯光，去敲前门，没有人应；又去敲后门，仍是没有人应。我站在马路中大声喊，他们也听不见。街上已经没有人影，我再要去喊时，看见灯熄了。我痴立在那里，想着他们温暖的小房，想着睡在他们身旁的孩子，我疯了似的又跑了起来，跑回了万宜坊。房子里仍没有也频的影子，孩子乖乖地睡着，他什么也不知道啊！啊！我的孩子！

第二天，等不到天大亮，丁玲又去找冯乃超。这次冯乃超警惕地开了门，把丁玲让了进来。对于丁玲连珠炮似的询问，冯乃超也无言以对。他把丁玲带到冯雪峰的住处，一路上沉默着，一句话也没说。冯雪峰也刚刚起来，丁玲看见床上的婴儿睡得正香，心里一阵刀割般的疼痛。自己的孩子现在独自一人在家，也不知醒了没有，看不见妈妈一定哭了。但此时她也顾不了那么许多了。以前每次见到雪峰，心里都会有异样的感觉，可是现在她心里只有胡也频，只想知道胡也频怎么样了。雪峰告诉丁玲，胡也频恐怕出问题了。现在已经知道的是柔石被捕了。对丁玲，他们只能说些安慰的话，此外也没有什么办法。丁玲感到了绝望。可能正是这种绝望使丁玲立刻清醒过来，她知道冯乃超、冯雪峰也和胡也频一样，每天都面临着危险，她不能靠他们，她只能靠自己。而且自从他们投身革命以后，这种事情不是早就预料到了吗？只要他们一直从事革命工作，这样的结局迟早是要面对的。她告诉自己不能再难受了，要挺起腰来，即使一个人也要好好活下去，因为她还有孩子。想到这里，她赶忙转回家去。等走到家时，她的心情已经平静了许多。

刚到家还没坐稳，沈从文就来了。他把一张黄色粗纸交给丁玲。看到上面用铅笔写的字，丁玲一眼就认出这是胡也频的字迹。她如获至宝般捧在手里看下去。这封信证实胡也频的确是被捕了，现在正押在老闸捕房。他是在党的秘密机关东方旅舍被捕的。东方旅舍就是胡也频近来经常前往打探去江西的行期的地方。胡也频在信中让丁玲转告组织，他是绝不会投降的。

丁玲紧紧地握着这张纸，虽然她一时想不出什么办法，但她却在心里下着决心：我要设法救他，我一定要把他救出来。

下午，一直关心着丁玲的李达、王会悟夫妇来到万宜坊，把丁玲母子接到了自己家去住，并介绍了大律师张志让帮忙打听胡也频的情况。而沈从文也在到处奔走，寻找解救胡也频的门路，并经徐志摩介绍找到有名的吴经熊律师帮忙。第二天，他给丁玲送来了二百块钱，还有一封郑振铎和陈望道署名写给邵力子的一封信，说是让丁玲拿着这封信找邵力子，可以请他帮助相救。此时的丁玲一心只想救胡也频，哪怕是根稻草，她也要抓住。

可是跑了几天，丁玲几乎要筋疲力尽了，却还是一点头绪都没有。她本来健壮的身体因为产后缺乏调理，一直很虚弱，加上屋里没火，又整天在外面四处奔波，而此时上海一直是雨雪霏霏，与往年相比天气显得特别阴寒湿冷，丁玲的脚上都生了冻疮。这时的丁玲一阵阵地急火攻心，身体就更差了，有时她觉得自己可能随时都会倒在街上起不来了。但即使是这样，她也不愿待在家里，她宁可在马路上跑着。

她听什么人说可以花钱去买，于是就到处托人。她还找了老闸捕房的律师，那位律师替她打听了，说是好像抓了一批人，不过已经送到公安局了。她就又去找公安局的律师，那边又说人已经转到龙华司令部了。

于是第二天一大早，丁玲就让沈从文陪着去龙华司令部看胡也频。他们在那里等了一上午，看守才答应把丁玲送来的被子、换洗衣服交进去，但人不许见。丁玲他们没办法，想了半天，终于想出了一个有可能与胡也频联系上的主意。他们请求送十元钱进去，并希望得到一张收条，说着悄悄塞了两块大洋给那看守。这时探监的人都走了，只剩他们两个,看守就答应了。一会儿,丁玲听到里面一阵人声,忙寻声望去,见在两重铁栅的院子里走过了几个人。可除此之外,丁玲什么也没看清。这时沈从文却叫了起来:

"那不是也频吗?"沈从文对这个"海军学生"倔强的身影太熟悉了。

"哪呢?哪呢?"丁玲忙顺着沈从文手指的方向看去。

他们断定是看守叫胡也频来领东西,写收条。他们聚精会神地等着,丁玲更是连眼睛也不敢眨一眨。果然,丁玲看见了胡也频。

"频!频!我在这里!"丁玲带着哭音大声喊着,此时的她早已泪流满面。

这时胡也频转过头来,他也看见了丁玲。可是他还没有来得及喊出声来,巡捕就把他推走了。

看见了胡也频,丁玲心里的焦躁多少有点缓解。她擦干净眼泪,对沈从文说:

"你看他那样子多有精神啊!就是他走路的样子有点奇怪。为什么手要放在袍衩下,提着袍子,好像怕把你给他的那件袍子弄脏了似的。"

沈从文苦笑了一下,什么也没有说。眼前这个看似人生经验丰富的女作家毕竟年轻,她哪里知道胡也频那样是因为戴了沉重的脚镣,他不是提着袍子,而是提着脚镣,好让自己走路方便些。后来胡也频带信要她给送两条单裤，一条棉裤，并要求从裤腿到裤裆都要有扣子。丁玲当时一点这方面的常识都没有，还奇怪他为什么要这样的裤子。

此后，胡也频还送出来过几封信。每次他在信中都是极力安慰丁玲，他说他什么也不怕，就怕让丁玲难过。如果光看这些信，丁玲是可以乐观一些，以为胡也频是关一阵子就放出来了。可是跑了这么多天的结果，却让她怎么也乐观不起来。这时她只有最后一条路了，就是去南京找邵力子。

自从胡也频被捕以后，沈从文一直陪伴在丁玲身边。这次丁玲去南京，也是由他护送。他们见到了邵力子，邵力子也无能为力，只好写了一封信，让他们速回上海找当时的上海市市长张群试试。邵力子也知道，这次胡也频陷进去的案子很大，即使是张群也未必能起什么作用，只有找陈立夫，或许还有用。这时已与丁玲的朋友曹梦君结婚的左恭也恰在南京，他与陈立夫很熟识，说可以去帮助找找。沈从文一听，也自告奋勇要跟左恭一起去。他们以为时任国民党中央组织部部长的陈立夫，也许会对年轻有为的作家有些怜才之意，网开一面，帮一次忙。但是陈立夫很油滑地敷衍着他们，并说如果胡也频不是共产党员或许还可一救。

至此，丁玲才清醒了。她很后悔自己来南京，更后悔同意左恭和沈从文他们找陈立夫求情的幼稚之举。沈从文只是一介文人,没有多少政治头脑,他不知道陈立夫正是杀害革命志士和进步文人的刽子手。向他求情岂不是真正的与虎谋皮吗?丁玲不想在南京再泡下去,她要回到她爱人正在受难的地方。

2月7日,丁玲和沈从文从南京搭乘夜里十一点半的快车,于第二天清早到达上海。

就在丁玲心急如焚地往回赶的那个晚上,她的爱人胡也频在龙华监狱被秘密杀害了。和他一起遇害的左联的战友还有柔石、殷夫、李伟森和柔石的爱人冯铿。他们是被乱枪打死的,胡也频身上有三个弹洞,左联女战士冯铿身上有十三个弹洞。他们五个人后来被称为"左联五烈士"。

但是丁玲什么也不知道,也没有人告诉她。她想见胡也频,想见到他的信。她又去找原来传过信的看守,可是看守答应得好好的却没有来。丁玲在小茶棚子里等了半天,这时她忽然明白了,胡也频凶多吉少,自己的爱人可能已不在人世。

沈从文也到处打探,他在邵洵美家看到了一个相片册,里面有胡也频他们的照片,一看就是被捕后照的。虽然他们都没说什么,丁玲却更明白了。她回到家倒头便睡了。夜里十二点,沈从文给她带来了确切的消息。这是早已预料到的结果,所以听了这个消息,丁玲只是木然地说:"嗯,我知道了。你回去休息吧,我想睡了。"

2月10日的下午,那个送信的看守找到了丁玲,给她送来了一封信。信的抬头写着"年轻的妈妈",来信告诉丁玲"牢狱的生活并不枯燥和痛苦,有许多同志在一道。这些同志都有着很丰富的生活经验,他天天听他们讲故事,他有强烈的写作欲望,相信可以写出更好的作品"。他要丁玲多寄些稿纸给他,他要写。他还可以记下许多材料寄出来给丁玲。他说他是不会投降的。他还以为至多不过是坐两三年牢,反正他还年轻,而且他也不会让自己的青春在牢中白白度过的。他希望丁玲把孩子送回湖南让丁母余曼贞老人帮着带,这样丁玲可以更专心致志地创作。此外,他还写了好多好多鼓励的话。信最后的署名是"年轻的爸爸",日期是"2月7日"。

这时,丁玲这位"年轻的妈妈"好像才真正相信,她亲爱的频、"年轻的爸爸"是真的离她而去了。这时她有些麻木的神经好像突然恢复了知觉,一阵失去至亲至爱的人的剧痛一下子摧垮了这位坚强的女性。她扑在床上,脸埋在枕头里痛哭起来,这一生中她从没有这样疯狂地痛哭过。这也是从胡也频被捕后,她第一次流下眼泪。

李达站在丁玲的床头,听着丁玲撕心裂肺的哭声,十分心疼。他没有什么办法帮助她,只好不断地劝着:

"你是有理智的,你是一个倔强的人,为什么要哭啊!"虽然李达这么说,但他自己也知道这些话是多么苍白无用。

"你不懂我的心,我实在太可怜他了。以前我一点也不懂得他，现在我懂得了，他是一个很伟大的人。但是他太可怜了……"

"是啊是啊！可是你明白吗？这一切哭泣都没有用处！你就是哭死了，对他也没有一点用处。"

李达的话使哭得昏天黑地的丁玲止住了哭声，她从枕上抬起头，失神地望着这位当年在平民女校和上海大学时的老师："没有用处……"

是啊，悲痛有什么用呢？眼泪能让也频复活吗？眼泪能让敌人心慈手软吗？她恨那些凶残的刽子手，她想复仇！但是自己怎么才能复仇呢？现在自己除了哭还能做些什么呢？丁玲擦干眼泪，走到窗前。她望着蓝粉粉的天空，望着那飞逝的白云，她多希望爱人能够从白云中现身，告诉自己该怎么做。这时她想起了胡也频在绝笔信中叮咛自己的话：

"不要因为我的入狱而脱离左联，而应该更紧地依靠他们，和他们站在一起。你要鼓起勇气来，担当起一时的困难……"

二、闯过了人生的一个关口

从胡也频被捕到遇害，年仅二十七岁的丁玲，除了读了胡也频的遗书后那一场暴风雨般的痛哭之外，几乎没在人前掉一滴眼泪。对那些上门来看望她、安慰她的朋友们,对那些遇到的同情她的人,丁玲甚至还能抿着嘴唇,给他们一个沉默的微笑,因此在大家印象中,丁玲是一个坚忍刚毅的女子。其实她最亲近的几个朋友都知道,丁玲本是一个眼泪很多、感情丰富、内心敏感的女人。这位以多愁善感、善于描写细腻的女性心理而闻名的女作家,怎么可能反而对自身的痛苦遭遇无动于衷呢?她之所以还能笑对悲伤,是因为她不想接受别人的怜悯,不想向生活示弱。这位三岁丧父、不到二十岁就在外面独自闯荡的女作家,内心太孤傲,性格太要强,已近乎矜持的地步。她不是没有泪,她的泪都化成了血,这就使她原本强悍的性格中又多了几分血性。

左联五烈士被杀害了,但国民党反动当局却封锁消息。1931年3月30日,左联的外围刊物以读者来信打探烈士的下落的方式首次将这一消息公布于世。4月25日,左联第二任党团书记冯雪峰秘密创刊了机关刊物《前哨》,出版了纪念左联五烈士等被害革命志士的《纪念战死者专号》。

又一批革命志士死于国民党反动当局的枪口之下,其中有许多已颇有名气的有前途的年轻作家。这说明反动派的屠刀已对准更多进步人士,这让人们进一步感受到了风雨如晦的"白色恐怖",但同时也敲醒了很多人,唤起了他们对革命和革命者的同情。

就在胡也频等左联五烈士牺牲的消息被公之于众后不

久,一位从未与丁玲打过交道的绅士模样的人造访了她那间简陋的小屋。他就是在上海滩几乎家喻户晓、妇孺皆知的新月派诗人徐志摩。他来邀请左联五烈士的遗孀和遗属吃饭,以表示对他们的同情和敬仰。在当时的白色恐怖下,不少熟人都恨不得躲丁玲他们远远的,而这位素未谋面而且曾因道路不同、门户之见遭到一些革命作家无情炮轰的新月书店的老板,却主动找上门来表示对革命者的同情,这使丁玲非常感动。但徐志摩找丁玲并不只是表示道义上的支持,他是要切切实实地给这孤儿寡母以帮助。他与丁玲商量,为她和胡也频出一本作品集,而且是事先支付版税,一来作为对烈士的纪念,二来也可以使丁玲有些收入。给被当局杀害的人出书,这可是要冒风险的!徐志摩此举,不能不让人联想到这位浪漫诗人当年冲破封建传统束缚娶陆小曼的勇气和见识上的过人之处。

胡也频死后,沈从文始终像兄长一样呵护着丁玲,在经济上、精神上都给了丁玲极大的支持和安慰。在上海滩,一个以卖文为生的年轻女人带着一个未满周岁的孩子,这种生活的艰辛给丁玲带来的压力与白色恐怖同样沉重。反动派的镇压使丁玲遭受的不仅是简单的失去了亲人。以前因为里里外外有胡也频张罗,丁玲虽然有了孩子,依然没有怎么影响写作。可是现在养家糊口、照料孩子几乎占据了她大部分的时间,她哪还有精力去写作呢?沈从文看到这种情况,建议她听胡也频信中的话,把孩子送回湖南老家。可刚刚痛失爱人的丁玲，又怎么舍得让这唯一的安慰再远离自己呢？可是她也知道，带着这么小的一个孩子在身边，不仅不利于她接续胡也频的事业，也不利于孩子的成长，她也不希望孩子跟着自己过这种动荡不安的苦日子。而这时，丁母余曼贞老人可能也听到了一些风声，来信说如果他们不一起回湖南一趟，她就要来上海。这可把丁玲为难坏了。因为对于胡也频的死，她至今还瞒着母亲。只有一个女儿的余曼贞老人，一直把胡也频当成自己的亲生儿子一样。而胡也频也特会哄老太太开心，平时给老太太的信差不多都是由胡也频执笔，丁玲自己写的倒不多。如果让母亲知道胡也频已不在人世的消息，丁玲担心她承受不了这种打击。

没了主意的丁玲只好找沈从文商量，两人最后想出了一个"演双簧"的办法。由沈从文模仿胡也频的笔迹给老人写封信，说自己正准备出远门，不能回去，就托老人在上海时也认识的自己的好朋友同时也是丁玲的湖南同乡沈从文，陪丁玲一起把儿子送回去。沈从文的字迹本来就与胡也频很像，他对胡也频的性情风格也十分了解，再加上又拿出了写小说虚构情境的看家本领，于是"创作"了一封封声情并茂的信，这些信居然一点儿也没有引起老人的怀疑。4月初，丁玲向郑振铎借了二百元钱做路费，由沈从文陪着把儿子蒋祖林送回了湖南。这是一场太难演的戏，丁玲不敢在家里多住，她怕再住下去，心中强忍的悲伤会露了馅,就前功尽弃了。他们在湖南只住了三天,就赶回了上海。

1931年5月,当丁玲由沈从文相伴送子回湘刚回到上海不久,她和胡也频的短篇小说合集《一个人的诞生》就由徐志摩的新月书店出版了。这本书中收有胡也频的《一个人的诞生》《牺牲》和丁玲的《一九三〇年春上海》之一、之二等四部短篇小说。

胡也频去世后,丁玲先在李达家暂避了一阵,后来就搬去与沈从文兄妹住在一起。从湖南回到上海后不久,沈从文兄妹要去北京。丁玲不可能跟着他们去,孤零零的她在环龙路附近一幢三层楼租了一间小屋住下。对丁玲来说,自从到上海以后,搬家根本就是家常便饭。开始时不仅是因为没钱付房租,还因为上海的房东非常挑剔、势利,如果来了个更有钱的租客,他就会找个理由让你走路。胡也频和丁玲加入左联以后,这家搬得就更频繁了,几乎每一两个月就要换个住处。因为他们参加革命活动以后,家里经常作为同志们接头或开会的地点,时间长了难免被特务发现。那时候他们出门走路都非常警惕,得时刻留心身后有没有"尾巴"跟踪。

也频没了,儿子不在,丁玲觉得自己的世界一下子被抽空了。虽然她少小离家、南来北往闯荡了多年,但真正一个人的时候毕竟不长,开始有王剑虹引领,后来有胡也频陪伴,因此她的独立生活能力很差。此时,她面对着的是政治上、经济上和创作上的三重压力。她不知道杀害胡也频的屠刀是否已经对准了她，她不知道要写多少字才能挣够养家糊口的钱，她不知道今后该写什么。丁玲感到不堪重负，她想到了死，但这个念头却立刻被母亲的白发和儿子的笑容驱散了。她知道自己连死的权利都没有。但是当她想活下去的时候，才真正感到：死是容易的，活是艰难的。特别是在那个时代，对于一个无依无靠的女性来说，"生，实在是难啊！"在这种压力下，她的日常生活完全失去了秩序。她常常不知饥饿，几天不吃不喝，她学会了抽烟，开始不修边幅，全没了当年名满天下的年轻女作家的风采。她也曾想放纵自己的感情，用自己唯一可以支配的纸和笔，倾泻满腔的哀怨和悲苦。可是这时候她觉得自己的笔太笨拙了，根本无法表达她内心复杂的感情，而且即使能够纤毫毕现，又说与谁人听呢？这些脆弱的情感只能使亲者更痛、仇者更快而已。她的笔不是用来写这些的，她要像胡也频说的那样，把笔当成战斗的武器。她不愿再写沉沦在自己不幸命运中的莎菲那样的女性，她要写那些走上革命道路的女战士。

在那间三层楼的小房里，多少个不眠之夜，丁玲都是这样挣扎在生与死之间，徘徊在感情与理智的两端。她在自叙性小说《从夜晚到天亮》、散文《死之歌》中都真实地描写了这一时期的内心矛盾和心理变化。而反映青年知识分子走上与工农相结合道路的短篇小说《田家冲》《一

天》正是她这种思想斗争的结果,是生对死、理智对感情的战利品。正如丁玲在《死之歌》中写道:

> 这次重大的打击,对我以后的生活是个关口,这一关,我终于闯过来了。

这一场生死沉浮中,丁玲不仅坚强地活了下来,她还以《田家冲》等与前期风格完全不同的新作品告诉世人,丁玲没有像莎菲一样衰弱下去,而是像《田家冲》中从地主小姐变成革命者的三小姐一样,走上了一条新的道路。丁玲再一次引起了轰动,她以自己不懈的努力,不仅成为当时文坛女作家中的常青树,在整个左翼文学中也占据了一席之地。

三、一段乱世迷情

胡也频像一只断了线的风筝,永远不可能再回到丁玲的天空。但是丁玲却紧紧地攥着那根没有了风筝的线。即使是对她来说曾像雨中彩虹的冯雪峰出现在面前,也无法使她那失去风筝的天空重新蔚蓝起来。

虽然丁玲在冯雪峰面前表现出了坚强的样子,但看着丁玲失神的眼睛,还有那间杂乱不堪的小屋,冯雪峰深切地体察到了丁玲此时的心灵有多么痛苦。想想当年向自己学习日文时那个健康美丽、活泼可爱的女孩子，再看看眼前这个头发蓬乱、趿拉着鞋、叼着劣质烟卷的女人，他怎么能不感慨万端！看着丁玲的狼狈，他怎么能不心疼呢？他希望丁玲能够振作起来，希望尽快看到她的大眼睛里重新闪出炯炯的光芒，他也希望丁玲重新找到一个爱人。他知道丁玲眼前最需要什么，她需要有事干，需要忙起来，最好忙得使她忘记过去的一切。这以后冯雪峰经常邀请丁玲参加左联的一些活动和会议。

1931年5月，丁玲第一次参加左联的会议，地点在北四川路的一个小学校。虽然这个会没什么意思，但给了她一个意外的惊喜，她第一次见到了鲁迅。虽然丁玲没有去跟鲁迅打招呼，而鲁迅也根本就不知道来参加这个会的，有那个曾因误会而被自己拒之门外现已成名的女作家丁玲。但丁玲却很高兴，因为她觉得自己总算是见过鲁迅了。

也同样是在这个五月，冯雪峰又来到了丁玲的小屋。他告诉丁玲，有一位外国女记者想更多地了解一些左联五烈士的情况，又知道著名女作家丁玲是烈士遗孀，很想采访她。这位外国记者就是美国著名的女记者艾格尼丝·史沫特莱，她是1928年底以德国《法兰克福日报》特派记者的身份到中国来的。她非常同情中国革命，还亲自参加一些革命活动，与鲁迅保持着非常密切的关系。1931年3

月她刚从菲律宾旅行回来,就听说左联五烈士被杀害了。她立刻去看望鲁迅先生,并了解情况。看到鲁迅起草的以中国左翼作家联盟之名义发表的《为国民党屠杀同志致各国革命文学和文化团体及一切为人类进步而工作的著作家思想家书》,她主动帮助翻译成英文,寄给美国的报刊。她还怀着无限同情和愤慨之情写了新闻报道,向世界人民揭露国民党反动当局的法西斯暴行。这些文章丁玲也曾读过,因此能认识史沫特莱,她感到十分幸运。

第一次去见史沫特莱,丁玲穿了一件她最喜欢的黑色软缎的连衣裙。自从胡也频去世后,她第一次这样用心地打扮自己。史沫特莱住在卡德路附近的一幢洋房里,这座房子带着一个花园,紧临一条幽静的马路。史沫特莱对丁玲非常热情,一见面就完全消除了丁玲对生人特有的矜持和谨慎。虽然史沫特莱是个外国人,而且不懂中文,但丁玲却感到她是可以信任的,可以直率地和她谈话,是自己人。史沫特莱问了丁玲很多问题,如她的经历、现在的处境、未来的打算以及写作计划,等等。史沫特莱以自己的真诚和智慧,打开了丁玲的心扉。她们像老朋友一样,倾心地谈了一上午。最后史沫特莱还替丁玲照了一张半身像。这张照片照得十分传神,成了这一时期丁玲的经典照片,不少介绍丁玲的书刊上都曾印过它,不知道的一定会以为是哪个电影演员的明星照。

后来丁玲又去过史沫特莱家一次。这次她穿的是一件大领短袖的蓝布连衣裙。这件裙子是丁玲自己缝制的,已经穿了好几年了。史沫特莱很喜欢她这件简单朴素的衣服。在史沫特莱用欣赏的目光上下打量丁玲的同时,旁边还有一双单纯而安静的眼睛,以一种崇敬的目光温和地注视着丁玲。这个人就是史沫特莱的翻译冯达。因为史沫特莱的事儿,他与丁玲已经见过几次面了。可每次见面,他都觉得能从丁玲身上看到新的东西。冯达对这位具有传奇色彩的女作家早就十分尊敬,对她的哀婉遭遇更是充满了同情。但是直到他亲眼见到这位女作家,听着她对生活、对文学、对爱情的独到见解,他才突然感到眼前的丁玲变了,她不再是遥不可及的著名作家,而是一个心思细腻、感情丰富、个性突出的倔强的女人,是一个同样需要男人关心、体贴、怜惜的脆弱的女人。冯达虽然已经是二十五岁的青年了,却从未谈过恋爱,也从没有哪个女子吸引过他。他开始留意丁玲的一切,见不到她时会不自觉地想她。他常常借故去找丁玲,开始时好像还是为了史沫特莱的事儿,后来就纯粹是为了看丁玲了。冯达年轻而单纯的心,被这位饱经沧桑的女作家占据了。

冯达是广东人,比丁玲小两岁。在做史沫特莱的翻译以前,他是上海城隍庙一家照相馆里的职员,史沫特莱常去那里冲印照片。当时照相馆里的职员都能说几句洋泾浜英语,只有冯达能说一口纯正、流利的英语。他虽然年纪不大,却显得很稳重,对人总是彬彬有礼。因此在那么多人中，冯达很快引起了史沫特莱的注意。史沫特莱征得照相馆老板的同意，请冯达做了自己的翻译。这时冯达已经是中国共产党员了，还是中国社联的一个普通盟员。这时他正为党中央宣传部下属的工农通讯社工作，每月只有十五元生活费。为了这个工作，他辞掉了原来每月收入一百元的高薪工作。冯达每天的工作就是写稿、翻译，把通讯稿送出去打字、印刷，然后再到邮局寄出去。因为从事的是地下工作，为了迷惑敌人，他常常是一副时髦绅士的打扮，腋下经常夹几张外文报纸。他给人的总体印象是沉默寡言，待人处事不卑不亢。

冯达的经常光临，使丁玲孤寂的小屋有了人声，也使丁玲杂乱无章的生活渐渐有了秩序。冯达没有以语言，而是以默默地为丁玲做事，来表达他对丁玲的敬重和爱意。他常常来看丁玲，讲一些国际国内的红色新闻，丁玲平日很少注意这些事，因此觉得很新鲜。如果丁玲还没吃饭，冯达会去买一些菜和面包，为丁玲做一顿简单的饭。等丁玲铺开纸准备写作，他就悄悄地离去。有时冯达去看水灾后逃离灾区的难民，为通讯社采写消息，他就叫上正好没事的丁玲一起去，这为丁玲创作反映灾民生活的《水》提供了大量素材。有时冯达也陪丁玲出去走走，买买东西或拜访个什么人。冯达所做的这一切都是那么细碎、那么自然，一点儿也没有引起丁玲的注意。他们之间也老是客客气气的，永远像新结识的朋友。从冯达所做的事和对丁玲不温不火的态度，再加上他们一个知名女作家、一个无名之辈这种外在的差异，谁也看不出他要追丁玲。而冯达似乎也并不觉得自己想从丁玲那里得到些什么，他只是觉得愿意和丁玲在一起，愿意看丁玲露出笑容，愿意帮丁玲做些事，好让她把精力集中到创作上。

为了更好地照顾丁玲，冯达搬到了丁玲住处后楼的亭子间。看到丁玲没吃饭时，他会拿出做广东菜的手艺烧些新鲜的菜，给丁玲送上去。有一次，他听丁玲提到西湖，语气中很是思念西湖的美景，留恋在西湖边上的那几个月的生活。冯达就劝丁玲去西湖玩玩，并且一路陪着她，照料她。丁玲从小就浸泡在一种孤独之中，这养成了她性格中的特立独行。但她从骨子里害怕孤独，痛恨孤独，不能忍受孤独。而且自她从湖南飞出来后，几乎从没一个人单独居住过。丁玲早已习惯了身边有人的生活。现在身边有个人，不仅能有个说话的，好像也多了些温暖。丁玲在不知不觉中开始把冯达当成了一个合适的说话的对象。其实在这种孤独与寂寞之中，她非常需要一个听众，而冯达是一个最好的听众。他有时间陪她，有兴致陪她，又总是静悄悄的，好像只在她需要的时候才出现。

自从胡也频去世以后，丁玲生活极无规律，显得混乱不堪。左联的朋友们都很关心她，说她毕竟才二十七岁，不应该老是陷在对胡也频的思念中，而应该再找一个爱人。不管怎么说，一个人生活实在是太艰难了，老这样总不是个长久之计。可是此时的丁玲，对于爱情，可以说已是心如死灰。没有爱，也就没有失去爱的痛苦。想到失去胡也频这种锥心之痛，她甚至想过一生一世最好是一个人自由自在地生活。虽然她在内心也非常需要一个爱人，一个像胡也频那样的爱人，但是她不相信这个世界上还能有像胡也频那样纯朴热情的爱人。在与冯达初识的时候，丁玲的心里仍满是胡也频的影子，这使她根本不可能去注意别的异性，也不可能接受异性的爱。如果冯达是一个"发光发热"的男子，丁玲一定会敏感地加以排斥或远远地躲开。可是冯达，用丁玲自己的话说就是，"他是一个陌生人，我一点儿也不了解他。他用一种平稳的生活态度来帮助我。他没有热，也没有光，也不能吸引我，但他不吓唬我，不惊动我"。丁玲对冯达在心理上是不设防的，因为冯达根本就没在她的视界里。这个让丁玲感觉有他不多、没他不少的冯达，是陌生人却又不像陌生人的冯达，就这样一步步地走进了丁玲的世界，以至他们最后生活在一起，这在丁玲看来是件很自然的事。1931年11月，丁玲和冯达一同搬到善钟路沈起予家，租住在二楼，最后又搬到了昆山花园路。

沈从文在《记丁玲续集》中记载，丁玲与朋友笑谈时曾说过："我要讨个太太，同男子一样，要一个肯同我过穷日子，不嫌恶我，知道爱我能敬重我的人。你们男子图方便，找情人时就熟人中去选择，我却预备要一个生人。"

虽然是笑谈，但也是丁玲真实思想的反映。她倾慕瞿秋白、冯雪峰那种思想深邃、意志坚强的革命者，眷恋胡也频那种可以爱得昏天黑地、死去活来的爱人，但这两种人都不能让她感到十分轻松，他们带给她的爱中都混合着无尽的痛苦。既然不能再找一个像胡也频那样既是豹子又是绵羊的爱人，饱经生活磨难和情感折磨的丁玲，宁可找一只绵羊，找一个不需要自己仰视的、能够处处包容自己、能给自己带来平静与安定、踏踏实实过家常日子的丈夫。而冯达正是各方面都符合她这种要求的人。丁玲后来在选择最后一位丈夫陈明时，可以看出也基本是这种思想的延续。丁玲还曾表露过这样的思想，一个二十五岁以上的人，不应该再去玩爱情游戏，而应该为社会责任多考虑考虑。这种想法是否也在丁玲与冯达的结合中起了一定的支配作用呢？

冯达此时怎么也不会想到，他带给丁玲的短暂的平静和慰藉，换来的却是丁玲大半生的动荡和耻辱。而丁玲也不会料到这样一个没有光没有热的人，却化成了她未来遭遇的炼狱中一团最可怕的火。

四、在《北斗》的星光下

丁玲对胡也频没能实现去江西的愿望感到非常遗憾。

她在《死之歌》中写道：

> 他在黑暗中寻找自己的生活的道路，寻找生活的意义。刚刚寻找到了，可一只罪恶的手，把他掐死了。这给予我的悲痛是不能想象的，没有经验过来的人是不容易想象的，那真像是千万把铁爪在抓你的心，揉搓你的灵魂，撕裂你的血肉。

丁玲所能想到的对死者最好的慰藉就是实现他的遗愿。

就在丁玲遭遇人生的又一次重创的时候，潘汉年和冯雪峰来看望丁玲了。他们两个人，一个把她引进了左联，使她和爱人被更深地卷入了社会政治的漩涡；一个使她重新回到上海这个曾经的伤心之地。在这里，她两次变成了孤雁，第一次是失去一位亲姐妹一样的挚友，这一次是失去最亲最亲的爱人。丁玲对他们说："怎么能离开这旧的一切，闯进一个崭新的世界，一个与旧的全无瓜葛的新天地"。他们想邀丁玲到左联做些事，但她却提出："我想我只有一条路，让我到江西去，到苏区去，到原来胡也频打算去的地方去。"潘汉年和冯雪峰都诚恳地答应把丁玲的请求转告上级，如果上级同意，他们一定会设法帮助她通过危险区，到达江西苏区。

送走潘汉年和冯雪峰后，丁玲一直都处在一种焦躁的等待之中。丁玲在《她更是一个文学作家——怀念史沫特莱同志》中写道：

> 我像一个孤魂似的深居在一间小屋里，伏案直书，抒发我的无限的愤恨，寄幽思于万里之外；有时在行人稀少的环龙路上的梧桐树荫下踟蹰徘徊，一颗寂寞忧愁的心，不断被焦急所侵扰。

在漫长的等待中，丁玲开始更多地尝试创作革命文学作品，好为到苏区以后的创作奠定基础，同时也表明她创作革命文学作品的决心，以实际行动向她向往的苏区献上一份见面礼。她的具有根本性转折意义的很有影响力的中篇小说《水》，就是在这期间开始酝酿的。

终于，冯雪峰通知丁玲去见当时中共中央宣传部部长张闻天。丁玲对张闻天并不陌生，当年在上海平民女校时，张闻天曾想拉她和一些女同学参加狂飙社。他们俩在兆丰公园碰头。心情迫切的丁玲向张闻天再次表达了自己的强烈愿望，越说越激动：

"他们想让我参加左联的革命斗争活动，那些工作太神秘莫测了，我不知道自己是否能应付得来。一想那些复杂的、我从没做过的事儿，我的脑子就不够使了。我是写作的，我不敢妄想自己一下子就能做很多很重要的事，我只想还像以前那样，在纸格子上慢慢地爬。但我不愿再写以前那些东西，我要写革命生活。但是在上海，在反动派的高压下，这里没有革命生活，我也根本就不可能有这方面的体验，光靠想象是写不出好作品的。而且即使写了，也没有地方给发。我想要写革命文学只有到苏区去，那里才有生活，才能写出革命作品。"

看着依然像当年一样单纯而固执的丁玲，张闻天点了点头。他想起当年他和沈起予等人一起去找丁玲她们，希望她们能加入狂飙社时，丁玲就是这样一副"不肯就范"的样子，说她要自由，不想参加什么社什么团的。他看出，现在的丁玲依然是那种"谁也别想强迫我做什么，我要做什么就做什么"的人。

过了一段时间，冯雪峰又敲响了丁玲的房门。

"同意了吗？什么时候能走？"没有多少寒暄，丁玲开门见山地问。虽然丁玲仍在心里爱着冯雪峰，但她却不愿流露出来。当年，她做出了把爱藏在心里的选择，现在她更不愿意用自己的爱扰乱那一池表面已平静的湖水。

"中央宣传部研究了你的要求，认为你留在上海为左联工作能发挥更大作用。"冯雪峰诚恳地直视着丁玲，两只眼睛还是那样发出灼人的光芒。

"不，不行，我一定要去江西，去苏区！我要继续写作。"丁玲皱起了眉，一脸的失望与不快。

"去江西是革命工作，留在上海也是革命工作。也频是左联的烈士，我想也频知道你在左联工作，一定会感到很欣慰的。"冯雪峰耐心地劝说着丁玲,"党是看中了你的笔。"

冯雪峰的话,让丁玲想起胡也频绝笔信中要她靠近左联的叮咛。

冯雪峰向丁玲详细解释了要她留在上海的原因。左联办过的刊物《萌芽月刊》《拓荒者》《世界文化》《文化斗争》和《巴尔底山》等都太"红"了,结果都是没办多久就被查禁了。在白区,刊物是传播马克思主义和共产党声音的最好阵地。因此党接受了这一教训,决定改变斗争策略,想重新办一个机关刊物,表面上灰一点的,不要引起当局的注意。

"可左联有名望的、比我'红'的作家有的是,哪个都比我合适。"

"正是因为他们太'红',早就被当局盯上了,他们做主编,会引起当局的注意,这刊物就不好办了。而你呢,有一定影响,又不太红,也不是党员,你当主编,既能用你的名气把这份新刊物托起来,一炮打响,又不会招致当局的怀疑,还可以团结一批党外人士。选你,也是经过慎重考虑的。这份担子很重,而且需要很大勇气。"还是冯雪峰了解丁玲的性格。冯雪峰,这个丁玲一生至爱的人、一生信赖的人,经常在不知不觉中左右了丁玲的思想。是他把自由散漫的丁玲更早地推上了一条新的路,是他使思想单纯的丁玲不由自主地被卷入了思想、派系的纷争。在这条路上,丁玲走过了光辉灿烂的一生,也历经了半生的痛苦与劫难。

"我从来没有当过主编,恐怕不行。"丁玲的语气明显软了下来。

"你不是办过《红黑》吗?那本杂志很不错,很受读者欢迎。"

"那时候主要是也频和从文负责,我只是约约稿。如果非要我办,也行,但就我一个人不行。"

"这好办,找两个人帮帮你。"冯雪峰知道丁玲已被说服了,他爽快地答应了她的要求。

杂志由丁玲出面负责,由姚蓬子、沈起予协助。丁玲主要负责联系作家,看稿子。丁玲比较喜欢绘画,所以在编杂志时喜欢配发一些插图,可是她又不知到哪里去找。当时冯雪峰任左联党团书记,丁玲工作上有什么困难都愿意找雪峰帮忙。冯雪峰告诉丁玲鲁迅先生有许多版画,并带丁玲去鲁迅家挑选。丁玲一听高兴坏了,终于可以和她心中无比尊敬的鲁迅先生面对面了。

1931年7月30日,丁玲与冯雪峰一道去北四川路鲁迅家挑画。她穿上了最喜欢的连衣裙,看着年轻了很多。当时上海都时兴穿又窄又长的旗袍,可丁玲对这种裹在身上使体形毕露、动作受限的紧身衣很不习惯,所以她一般都是穿裙子。

鲁迅拿出很多德国女版画家珂勒惠支的版画,一幅幅地给丁玲讲解,还让她自己随便挑。丁玲感觉,鲁迅先生并不像他文章里、照片上或别人传说的那么冷峻,他是那么平易近人,让第一次见面的人也不感到拘束,可以自由地发表自己的看法。看到这么多画,丁玲高兴得像小孩子一样,拿起这个看看抱在怀里,又拿起那个看看不肯撒手。可因为她是第一次看珂勒惠支的版画,折腾半天也不知该挑哪一幅好。

"唉,简直挑花眼了!"最后丁玲看着自己手里的几张,不好意思地说,"还是先生帮我们挑几幅吧。"

鲁迅也笑了,他觉得丁玲无意中流露出来的天真、顽皮的样子简直像个孩子。鲁迅好像早有主意似的,伸手拿起一本摊开的书,书页上印着一幅版画,画名为《牺牲》。画面上一位母亲伸出双臂托着自己的孩子,像是要把孩子交出去。那位母亲闭着眼睛,一副悲痛欲绝的样子。丁玲和冯雪峰看了都默然不语。特别是丁玲,想起胡也频的牺牲,胸中涌满了悲伤和愤怒。

"就是这幅吧,这是珂勒惠支木刻连续画《战争》的第一幅。《北斗》创刊,我本应该写点儿东西,作为对刚死去的人的纪念,可是现在不行,那就先用这幅版画表示吧!"鲁迅说这话时,脸上又恢复了人们印象中严肃的表情。

1931年9月,左联的新机关刊物《北斗》杂志创刊。丁玲他们考虑了很久才确定了这个名字,他们希望这本杂志能像北斗星一样,给黑暗中的人们指明前进的方向。

由鲁迅配写说明的《牺牲》发在了《北斗》的创刊号上,成为对国民党反动派的无声的揭露与控诉,同时也是对革命志士的无声的颂扬和追思。这是第一幅被介绍进中国的珂勒惠支的版画,人们认识这位德国女版画家就是从《北斗》开始的。

《北斗》的创刊号上还刊登了丁玲的中篇小说《水》的第一部分。《水》在《北斗》上连载三期,刊完不久即由湖风书局出了单行本。鲁迅先生很喜欢这部作品,他曾向丁玲要了十几本,说是送人。阿英、冯雪峰等对这篇小说都给予了很高的评价,认为它是左联文学的优秀成果,是左翼文学应该有的新小说,是新小说的萌芽。

《北斗》创刊以后,受到了文化界的广泛关注。在左联文艺史上,《北斗》是一本比较大型、比较专业的文学刊物。由于它重视文学创作,主要刊登文学作品,又刻意保持一种灰色调,因此作家群非常广。除了鲁迅、瞿秋白、冯雪峰、阳翰笙等"红人"主动写稿和帮助组稿外,一些当时在当局眼里尚未染"红"的作家,如谢冰心、陈衡哲、凌叔华、沈从文、戴望舒等也都给这本刊物写过文章。除了名家之外,《北斗》还发现和培养了一批新人,如沙汀、艾芜就是丁玲在读者座谈会上认识的,李辉英、芦焚则是从投稿中发现的新人,诗人艾青的处女诗作也是在《北斗》上发表的。此外,《北斗》也刊登了不少文艺理论和文艺批评文章,并配合左联开展了文艺大众化运动，积极宣传大众文学，对文学创作的倾向给予引导。《北斗》后期也不自觉地被卷入了一些文艺论争，灰色的调子逐渐消退，变得越来越"红"，最终引起了国民党当局的注意，于1932年7月遭到查禁。

虽然办《北斗》不是丁玲最理想的选择，可她就是这么一个争强好胜的人。不管做什么，只要自己已经选择去做了，就要做到最好。这时，丁玲与冯达已经同居，由于有冯达的悉心照顾，她基本上不用为生活上的事操心，生活也有了规律。但随着《北斗》的工作越来越繁重，她的生活又开始紧张起来，经常是一早就出门，在街上买个烧饼、油条，边走边吃。丁玲对《北斗》就像对待自己的孩子一样，可以说是全身心地付出。为了开展工人通讯运动和在工人中发展大众文艺，担任左联组织部长和工农文学会负责人的丁玲，经常换上布衣布鞋，深入完全陌生的环境很差的厂区、工棚和工人的家里访问，差不多每周都要去访问一个工人。为了了解大众文学，她有时也会打扮成时髦女子的样子，去群众娱乐的大世界，与流氓阿飞周旋。这一切对一个年轻女子来说都是充满了危险的。但尽管如此，丁玲依然觉得这两年是她一生中最充实、最快乐的时期。

在编辑《北斗》和参加左联其他活动的过程中，丁玲逐渐加深了对马克思主义的理解，认识到了过去自己那种"单干"方式是不可能实现自己的理想的，对个人奋斗与

社会革命、写作与其他工作的关系有了新的认识:

> 我觉得单写小说是不够的。我要脚踏实地地干真的革命工作。我把社会看作一架机器,革命是这机器的动力。像这机器的一个齿轮那样工作,是必要的。

做一个齿轮,是必要的。革命工作使丁玲的思想和性格都发生了很大的变化。过去她做什么,都是自己"想要"的,可是现在她渐渐懂得了什么是"必要"的。做一个齿轮,当它与这架机器咬合得很好时,它是欢畅的,但当它与这架机器咬合得不好时,最容易受损甚至粉碎,而被替换掉的往往是齿轮,而不是机器。不知道丁玲当时是否做好了这种准备。

五、变成一颗螺丝钉

人的一生,从来就是一环接一环的。

丁玲主编《北斗》以后,更深地介入了左联的活动。这些当日潘汉年要把她引领进去而她以为太神秘而"不敢妄想"的活动,已对她撩开了那朦胧的面纱,而且越来越能刺激她血液中原本就存在着的大量冒险因子,满足她对勇敢、大胆这些品质的向往，给她带来了很久没有体验过的兴奋与激动。

1931年"九·一八"事变以后，社会民众的反日情绪高涨，同时对国民党政府纵容日寇侵略的政策日益不满。12月，地处上海的中共江苏省委联合留日回国学生会、工联、左联等54个群众团体成立"上海民众反日救国联合会"，领导全市民众开展彻底的反日行动。丁玲作为左联的代表也加入其中，并且看到了史沫特莱。

1931年12月，上海文化界成立了"文艺界反帝抗日大同盟"。"九·一八"事变到"一·二八"事变期间，上海经常有以抗日救亡为主题的示威游行，其中不少是共产党组织的。一次，要求政府出兵抗日的市民大会在江湾中国地界跑马场举行，之后，与会者开始游行。民众走到外白渡桥时，遭到外国巡捕的拦截，并在白渡桥边，遭到手持木棍的印度巡捕的镇压。

丁玲曾在《入党前后的片断回忆》中描写过当时的骇人景象：

> 一声号令，那些印度巡捕突然向游行队列冲了过来，边冲边打；队伍中有人跑到路边店铺躲避，巡捕就追到店里，拖出来再打；有人跳到苏州河民船上，印度红头阿三也不放过，打得很厉害。

丁玲也参加了游行，只因为她当时穿着比较华丽，一看就像个贵妇人，才侥幸逃过一劫。丁玲站在路旁，开始时都有点看呆了。她简直不能相信自己的眼睛，在中国的土地上，外国人竟然能毫不顾忌地殴打要求抗日的中国人。她"凝视着这幕由帝国主义、反动派相勾结共同镇压中国人民抗日救亡运动的罪行，胸中燃起了仇恨的怒火"。

这一时期，左联经常组织贴标语等地下活动，丁玲根据组织安排参加过几次。这在当时是件很冒险的事，要是被敌人抓住，很可能会坐牢，所以在当局眼里很"红"的人，组织上都不让去。只有像丁玲她们这样又有名又不算"红"的人才可以去，即使被发现，因为不是共产党员，问题也不大。每次去贴标语，主要负责放哨的丁玲都是身穿皮大衣，足蹬高跟鞋，打扮得一身贵气，一看就像个有钱人家的太太小姐，不会引起巡捕军警的注意。因为有危险，所以才刺激，丁玲觉得自己能参加这样的活动非常自豪。

"一·二八"事变前夕，上海各界人民抗日大会再次召开，左联的很多成员如冯雪峰、丁玲、沈起予、张天翼、杨骚、楼适夷、姚蓬子等都参加了这次大会。会后成千上万的上海群众开始游行示威，并包围了位于枫林桥的国民党上海市政府。丁玲走在队伍中，忘我地挥着手中的小红旗，大声地呼喊着口号，虽然是寒冬腊月，她的额上却渗出了汗珠。她时不时地用手撩开被汗水浸湿贴到眼睛上的刘海，笑着回过头来，对战友们说："我们现在好像到了苏区啦！"

丁玲还利用自己名作家的身份，到当时上海的各大学去演讲。"一·二八"事变以后，丁玲常参加一些外围群众团体的工作，并冒着被流弹袭击的危险，到闸北前线去慰劳伤兵，做宣传，鼓舞士气。那一段时间，大敌当前，救亡图存成为当务之急，许多作家都不愿意只坐在家里写文章，他们都想为抗日救亡做点什么更切近的事。而当时的左联也受到王明"左"倾教条主义的影响，热衷于正面斗争，偏离了左联成立时的初衷。许多作家都被轰去参加政治活动，以至于不少作家都觉得在这个时候如果还能安心写作，就是"右"，就是落后，就是不爱国。因此许多作家这一时期在创作上几乎都是空白。丁玲也是从这个时期开始对政治活动发生了浓厚的兴趣，无论是思想认识上还是阶级感情上，都离无产阶级和共产党的要求越来越近了。当她身处各个团体之中，在抗日救国这件大事上，她更明显地看出了共产党与其他团体的区别。她认识到，"光是写几篇文章是不行的。只有参加党，才能了解社会各方面的情况；有了党的领导，才能更好地和敌人斗争"。于是她向当时文协（中华全国文艺界抗敌协会）的负责人阳翰笙表达了自己的愿望。经过这半年多的锻炼，丁玲从一大群作家中脱颖而出,在政治上日益走向成熟。此时的丁玲像一颗耀眼的明星,她不仅被推选为上海文化界反帝抗日联盟执行委员会委员,还被选为中国著作家抗日会执行委员,并担任民众运动委员会的负责人。

1932年3月,组织上批准了丁玲的入党请求,并举行了秘密入党仪式。为了掩人耳目,组织上选了一天在南京路大三元饭店包了一个套房,一间屋子当中有一张大圆桌,另一间是吃茶的散座。大家围着圆桌坐着,表面上推杯换盏,觥筹交错,不时笑语喧哗,不知道的人会以为这不过是一次普通的聚餐而已。入党仪式由文协负责人潘梓年主持,当时隐匿在上海从事地下工作的瞿秋白作为中宣部的代表参加,在座的还有几个新近入党的党员。与丁玲同时入党的还有田汉、叶以群、刘风斯等。

虽然丁玲知道瞿秋白在上海,知道他以笔名在《北斗》上写专栏杂文《乱弹》,但是由于瞿秋白的身份特殊,他们很少有机会见面。这次能在自己的入党仪式上见到瞿秋白,而且他还是作为中央的代表,丁玲感到又惊讶又高兴。瞿秋白看着一脸神圣庄严的丁玲,回想起当年那个小孩子脾气的浪漫的自由主义者冰之,感到十分欣慰。当年在上海大学时,瞿秋白曾试探地问过丁玲入党的问题,得到的回答是:"我是喜欢自由的,要怎样就怎样,党的决议和束缚,我是不愿意受的。"

丁玲看着瞿秋白，自己走过的曲折的路一幕幕浮现在眼前。在叙述个人入党志愿时，丁玲激动地说：

"过去曾经不想入党，只要革命就可以了；后来认为，做一个左翼作家也就够了；现在感到，只做党的同路人是不行的。我愿意做革命、做党的一颗螺丝钉，党要把我放在哪里，我就在哪里；党需要我做什么，就做什么。"

瞿秋白曾说过，"冰之是飞蛾扑火，非死不止"。的确，丁玲像飞蛾一样追求光明，于是在1922年去上海平民女校寻求真理之火，然而飞开了；1923年转入上海大学寻求文学真谛，1924年又飞开了；1930年参加左联，1931年主编《北斗》，1932年入党，飞蛾又来扑火。瞿秋白的这句话是对丁玲不懈追求真理的精神的赞扬，但这句话是否也揭示了丁玲性格中悲剧性的一面，预示了丁玲后半生的悲剧命运呢？飞蛾扑火，从事一项事业需要这种执着，但对于个体来说悲壮甚至惨烈。但是，这就是丁玲的选择——"是的，我就是这样离不开火……我正是这样的，如秋白所说，'飞蛾扑火，非死不止'。我还要以我的余生，振翅翱翔，继续在火中追求真理，为讴歌真理之火而死。"

第七章
人生的又一个冬天

一、女作家失踪

"看报哩，看报哩！看一男子横尸街头，惨不忍睹哩！"1933年5月15日一清早，街上就响起了报贩子扯着嗓门的叫卖声。

这天，上海的多家报纸上都有《昆山路横无名男尸一具》这样一则消息。不知就里的一般市民以为这只是一桩普通的凶杀案，不过有些好奇地去阅读，再有些无聊地作为茶余饭后的谈资而已。那个时候在上海，这样的事也并不鲜见。为镇压革命者，国民党明的暗的一起来，手段十分卑劣和残忍。经常有革命者被暗杀，成为被早行人发现的"无名尸体"。但这个消息立刻引起了上海共产党组织和左联的警觉。因为发现"无名男尸"的地点"北四川路昆山花园7号"，正好是丁玲的住所，也是党组织的秘密联络地点之一。他们敏感地意识到：那里出事了。后来又有报道说，那具"无名男尸"经人辨认是应修人。"应修人",这个名字在20世纪20年代曾令无数男女青年心中泛起过涟漪,涌起过波涛,他是著名的"湖畔诗人"。应修人笔名丁九,当时担任中共江苏省委宣传部部长。

5月15日,楼适夷按照前天与丁玲约定的时间,到北四川路的那家书店等丁玲。左等不来,右等不来,楼适夷感到十分奇怪,因为丁玲从来没有失约过。他立即向党组织做了汇报。此前,穆木天和彭慧汇报说,丁玲昨天早晨去过他们家,并告诉他们她家可能被特务盯上了,如果她当天下午不来找他们,可能就真是出了问题了。党组织马上派人打探,发现丁玲的住处果然已人去楼空。再一打听,冯达也没有去过《真话报》,而且哪里也找不到。党组织又多方寻找,都找不到丁玲,而且发现潘梓年也不见了。

5月17日,英文晚报《大美晚报》刊登了一篇署名蔡飞的读者来信,详细地叙述了5月14日国民党特务到丁玲住所绑架丁玲、潘梓年的经过。党组织立刻通过内线打探,得到了比较确实的消息,丁、潘确实被捕,但两人并未关在一起,潘梓年下落已查到,但丁玲却不知去向,看来是被藏到什么地方去了。

"丁玲女士失踪!"

"著名女作家丁玲被绑架!"

这个消息一传开,在上海文化界立刻引起了轩然大波。即使在普通市民中,"丁玲女士失踪"也是一个令人震惊的消息，人们都在询问是怎么回事，是谁绑架了这个很有影响的女作家，她现在在哪里。

1932年秋，《北斗》被查禁后不久，丁玲接替钱杏邨担任了左联党团书记。因为没有了《北斗》的繁忙编务，丁玲这时可以有更多时间从事创作，以自己的行动实践左联倡导的大众文学。她以母亲的经历为素材创作的长篇小说《母亲》主要是在这一时期写作的。此外，她还写了一些短篇小说，如《奔》《法网》等，反映的都是无产者走上反抗道路的过程。与此同时，丁玲参与的革命活动也比以前更多更机密了。这使她由一个公认的政治上灰色调的女作家，变得越来越"红"，并渐渐引起了国民党当局的注意。因为这个原因，丁玲的一些活动如到大学演讲等经常被迫临时取消，还有两次接头也是侥幸脱身。但是1933年5月14日，丁玲最终还是落入了敌人的魔掌。

1933年5月13日傍晚，丁玲高兴地回到家里，家里还是铁将军把门。她有些奇怪，冯达没说今天有什么事啊！她很想把今天上午与冯雪峰、楼适夷、沈起予、黎烈文等一起去纱厂参观、下午去黄浦江泛舟的事讲给冯达听。她好久没有像今天这样轻松地出去玩玩了。可是到了晚饭时间，冯达还没回来。平时冯达总是会赶回来做晚饭的，他从没有像今天这样事先不打招呼就晚回来的。丁玲等着等着感到有点心焦，不知道是不是出了什么事。做地下工作，随时都要做好这种思想准备。直到九点，冯达才回来。

"今天怎么回来这么晚？"丁玲关切地问。

"我去看《真话报》的两个通讯员，在他们的窗户下面叫了两声，没人应。可是他们的屋子里却亮着灯，不知为什么那灯光晃得厉害，好像灯被碰了似的，还有很杂乱的脚步声。"

"别是出事了吧？"

"我也是这么想，转身就走，直走到了大马路上，也不敢回头看一眼。这时正好来了一辆电车，我也不管是不是我要坐的，就跳了上去。"

"会不会有人跟踪？"

"如果出事了，他们肯定会派人在下面守着。所以，中间我换了好几次车，直折腾到现在才到家。可是我掏出钥匙刚插进钥匙孔，就感觉心里不踏实。回头一望，看见马路对面影影绰绰像是有个人。可是我也不能再退回去，只好进来了。"

"也许你看花眼了。你总是这么胆小，疑神疑鬼的。"

"还是小心点儿好。"

第二天一早，冯达告诉丁玲，他还是得再去看一下那两个通讯员。

"是不是太冒险了？"

"试试吧。我不去，他们的组织关系就会丢了。而且我也想看一看到底怎么回事，不然不放心。"

丁玲虽然有些担心,但见一夜无事,又知道冯达一向对工作很负责,也比较小心谨慎,就没再阻止,只随口问了一句:

"那你什么时候回来?"

"一会儿就回来。你到正风文学院开会时间短不了,我肯定先到家。"

"我担心会不会出什么事。"

"不管出什么事,今天咱们中午十二点都要回来。如果我没回来,你就赶紧离家,并设法通知党组织和有关的同志。"

"你也是一样。"

等丁玲从正风文学院参加一个文艺小组的活动回来,已是十一点半了,可冯达还没到家。丁玲坐立不安,在屋里转了几圈,就开始收拾东西。正在这时,潘梓年来了。丁玲赶紧向他做了汇报,可他似乎并不惊慌,反而拿起桌上的一份《社会新闻》看了起来,弄得丁玲也不好意思再催。可是没过多大一会儿,就听得楼梯上响起了急促而杂乱的脚步声。接着三个人破门而入,为首的高个子就是大叛徒、大特务马绍武。接着进来两个人,其中一个叫胡雷的丁玲认识,但他显出很惊讶的样子,似乎事先并不知道会在这里遇到丁玲。马绍武知道他这次逮着了一条大鱼,非常得意。过了五六分钟又进来三个人,丁玲一眼看见其中有冯达。冯达没想到丁玲还没走,而且还多了一个潘梓年，脸色刷地就变了，立刻低下头，好像根本不认识丁玲和潘梓年似的，木然地跌坐在床头。他没有料到会是这种局面，他在心里埋怨丁玲为什么不照约定的去做，也后悔自己怎么就一根筋，就没想想也许她还没走。

原来，冯达去看那两个通讯员时中了埋伏。因为他只是一名普通的地下工作者，并未落入特务的视线，所以特务中没人认识他，也不能断定他是不是共产党员。冯达看出了这一点，分辩说自己只是一个普通人，跟共产党没有关系。于是特务说：

"你既然是一个普通人，那你总有妻室，总有家，总要到你的家看看，证明你不是共产党，与共产党没有关系，就没事了，就立即放你。"

冯达一看时间还早，就一直拖延着，直到过了约定的时间，心想丁玲早已经走了，别的同志来一看没人肯定也走了，家里也没什么东西怕搜的，自己老这么耗着也不是个事儿，他们搜不着什么抓我也没用，肯定会放了自己的。于是他就把地址告诉了他们。

按丁玲在《魍魉世界》中的记述，马绍武并不是冲她来的，抓住她完全是个"意外收获"。可是《大美晚报》上那封读者来信却说，马绍武事先似已知道要抓丁玲，而且知道潘梓年和应修人要去，作者提到了几乎所有在场人的名字，却没有提到冯达。种种迹象表明冯达不是有意想出卖丁玲。

特务将丁、潘、冯塞进一辆汽车里,一直开到黄浦江边十六铺南头的一个旅馆前停下。这个旅馆是国民党特务的一个黑窝。特务将丁玲和潘梓年分开,却把她和冯达关在一起。第二天一早,他们又将丁玲和冯达押上了开往南京的火车。丁玲没想到,此一去竟是漫长而特殊的三年囚禁生活,更想不到的是她所受的这三年被敌人囚禁之苦,却在几十年后延续了更长时间的放逐与囹圄之灾。

二、文化界营救丁玲

因为丁玲当时是著名女作家,而且国民党特务在她家搜查也没找到实在的证据,再加上又是在租界被秘密绑架,国民党惧怕社会各界的抗议,更惧怕租界国追究其侵犯了他们的治外法权,因此开始时拼命封锁丁玲被捕的消息。后来国民党见封锁不住,又开始造谣,故意在丁玲被捕事件上渲染桃色新闻,污蔑丁玲与特务同居,损害丁玲作为一个人的清誉和作为一名革命作家的形象,转移人们的视线,冲淡其中的政治色彩。一些无聊报刊也跟风炒作,以讹传讹,哗众取宠,赚取钱财。这种行径被鲁迅斥为"真是畜生之不如也"。

得知丁玲失踪后,中共党组织立即着手进行寻找和营救工作。就在《大美晚报》登出报告丁、潘被绑架的消息后第三天，左联就发表了《为丁潘被捕反对国民党白色恐怖宣言》。23日，以中国民权保障同盟副主席蔡元培为首的杨杏佛、胡愈之、陈望道、柳亚子、林语堂、邹韬奋、叶圣陶等文艺界38名知名人士一起，联名给南京国民政府行政院院长汪精卫、司法行政部长罗文干拍发了营救丁、潘的电报，并在上海各大报纸上刊载。25日，民权保障同盟决定成立"丁潘营救委员会"。委员会组织召开新闻发布会，并在报纸上登出了募捐启事。中国民权保障同盟主席宋庆龄也致电汪精卫，要求他设法救援，结果汪精卫矢口否认，称未有逮捕丁玲之事。以鲁迅为首的左联和一些进步作家，纷纷撰写文章，并利用国内外各种渠道，将国民党秘密绑架丁、潘的卑劣行径昭告天下，以争取国际文化界的支持。

鲁迅先生知道，"在上海，失踪的人是常有的，只因为无名，所以无人提起"，对这些无名的人，国民党的屠刀是毫无顾忌的，但对于有名的，国民党也不得不忌惮社会的反应。因此，能够救丁玲的最好办法就是进一步扩大她的影响。鲁迅不仅高度评价丁玲为中国"唯一的无产阶级作家"，而且想到要用丁玲的作品为她自己说话。作为一个著名作家，没有什么比她的作品更有说服力的了。在丁玲被捕后的第三天，也就是报上登出丁玲被捕消息的当天，鲁迅就找到良友图书印刷公司的郑伯奇商量为丁玲出书的事。仅用了两天，丁玲原在良友图书印刷公司编辑赵家璧手中的尚未完工的长篇小说《母亲》就发排了，并于6月作为"良友文学丛书"之一正式出版，且立刻成了社会上的畅销书。

丁玲被捕时，沈从文正在青岛，接到朋友的信后才知道这个消息。作为丁玲的老朋友，沈从文既担忧又愤怒。5月25日，他奋笔写下了《记丁玲女士被捕》，痛斥政治的黑暗和政府的残酷。在政府否认抓了丁玲以后，他又写了一篇《丁玲女士失踪》，揭露政府这种"尽把一些稍有生气的青年作家捉去秘密解决"，是一种愚蠢的行为，是不行的。十几天后，他又以丁玲和自己的妹妹、未婚妻为原型，创作了短篇小说《三个女性》，表达了他对丁玲的赞美和崇敬，以及能够把她营救出来的心愿。7月，他又创作了中篇传记《记丁玲女士》（后出书时更名为《记丁玲》）。而且此后他一直都关心着丁玲的命运。1935年，丁玲被捕已近两年，却仍没被国民党杀害，因此社会上盛传丁玲已经向国民党自首。丁玲的许多同志、朋友都相信了这种谣言，鲁迅先生议论到此事时也不得不字斟句酌，态度比较审慎。但深刻了解丁玲性格的沈从文却坚决不信，他在3月10日的《大公报》上发文，对这种谣言严加驳斥。当他得知被软禁在南京的丁玲搬到苜蓿园后，又立刻赶去看望。

而与丁玲从不相识的新月派诗人方令孺女士，在丁玲被囚期间，主动找到丁玲，为她提供了多方面的帮助。在丁玲要逃走时，她还把自己的家作为与党组织接头的地点提供给丁玲，最终帮助丁玲逃出了虎口。

1933年6月，国内外文化界对逮捕丁、潘的抗议之声达到了高潮，这使国民党也慌了手脚，只好咬死不承认丁玲在他们手里。当时胡也频等左联五烈士被抓后20天就被秘密杀害了，丁玲失踪那么久，却仍无确切消息，自然是凶多吉少，不少报纸都刊载了丁玲被杀的消息和悼念丁玲的诗文，以及介绍丁玲生平的文章、照片。北京文化界还为她举办了追悼会。

鲁迅也不得不相信了这个悲痛的消息。丁玲自编辑《北斗》以来，一直在鲁迅的指导下工作，她在鲁迅心目中是"最优秀的左翼作家"之一，是当时少有的正处于创作成熟期的女作家。可就是这样一位被上海妇女界称为"带有被压迫者反抗的灵魂"、被社会公认的有才华的女作家，在其生命之花绽放得最绚丽的时候，却被扼杀了，这怎么能不使鲁迅痛心疾首呢？1933年6月28日，被悲痛与愤怒催逼着，鲁迅提笔写下了一首纪念丁玲的诗，并主动投到杂志上要求发表，这在鲁迅还是第一次。后来鲁迅对这首诗的个别字词做了修改，收进他的《集外集》，这就是我们今天读到的《悼丁君》：

> 如磐夜气压重楼，
> 剪柳春风导九秋。

> 瑶琴凝尘清怨绝，
> 可怜无女耀高丘。

春风已去，酷暑将至。鲁迅以为，可耀高丘的才女作家丁玲之"死"是一件十分值得痛惜的事。他不知道，此时，丁玲仍还活着，活在一座炼狱里，逃生无门，求死不得，活着比死了还难受。

三、南京的特殊囚徒

来自国内外的抗议，形成了一股反对国民党反动派对进步作家实行白色恐怖活动的洪流，把国民党推到了十分尴尬的境地。他们没有料到抓捕丁玲在国内和国际上产生了这么大的反响。由此他们也进一步看到了丁玲本人的价值不在于供出几个共产党员，或破获几个共产党员的秘密机关。如果丁玲能站到国民党的阵营里来与他们合作，或者退一步讲，哪怕她不肯加入国民党，也不肯为他们工作，但只要她发表个脱党声明之类的东西，就像被捕后的姚蓬子那样，也无疑是对共产党和进步文化界的一个沉重打击。因此他们没有对丁玲进行审讯逼供，而是想从思想上瓦解丁玲的信仰，千方百计地引诱她站到他们的营垒中来。

丁玲刚被捕时，一直处在一种极端愤恨的情绪中。她恨国民党采取如此卑劣的手段，绑架进步作家，她恨他们把她与冯达关在一起，对她进行精神上的折磨，但她更恨曾经是自己爱人的冯达，因为她以为冯达是个叛徒。

"真看不出你是一个朝秦暮楚的人，哪里会想到是你把我出卖了！"

"不是我，你听我解释！"

"还有什么好解释的？事情不是明摆着的！我们家的地址是你说出来的。只有你！你不必解释，我不相信你！"

她要求与冯达分开住，但敌人不同意。可以想见，丁玲此时的痛苦。她满腔的愤恨无处发泄，只能发泄到软弱的冯达身上。

冯达也同样陷入了深深的痛苦之中。这种痛苦可能比丁玲的痛苦更难排解，因为他痛恨的是自己。他觉得对不起丁玲。他爱丁玲，敬重丁玲，当然不愿意丁玲遭此厄运。但是不管冯达主观上如何，事实已经如此。因此，每次丁玲责骂他，他只有努力向丁玲表白：

"我是犯了罪，连累了别人，我不可饶恕。但是我真的没有自首，我敢向天发誓，我真的没有过一点点自首的念头。我以为我那样就可以混过去了，可谁知道……"许多次，冯达说到这里都会痛哭起来。

"你别再演戏了！真不知道还有多少同志因为你受害呢！"

"我没有,我根本就没有说出组织关系,也没有说其他任何同志的地址。冰之,你相信我。"

"相信你?"

"冰之,我对不起你。我知道你再也不会相信我了,谁也不会再相信我了。我知道就是死也洗脱不了我的罪责。"

"死?如果是你,我根本就没有脸活着。"

"是的,我已经把自己的路堵死了。现在,我活着的全部意义只是因为你,你还可以回去啊,我要帮你逃出去,只有这样才能赎我的罪。"

国民党特务以为冯达只不过是一个胆小懦弱的普通人,所以他们除了故意要用这种方式来折磨丁玲,同时也希望通过冯达时时刻刻监视和牵制丁玲。他们在安排了这招"妙计"的同时,各种威逼劝诱丁玲投降的手段也在紧锣密鼓地实施着。

首先登场的是汪盛荻。这个人原是共产党江苏省委宣传部部长,被捕后成了叛徒。5月16日,丁玲又被换了一个旅馆关押,吃的是粗陋的饭食,被严密地看守着。第二天,这个叛徒就登门了。他威胁丁玲:

"你是共产党员,你是赖不掉的,我已经向国民党讲了。"

他让丁玲不要幻想宋庆龄、蔡元培能救她,还挑拨离间地说胡也频的死是共产党内有人告密,胡也频的死是共产党造成的。他的话都被丁玲义正词严地堵了回去。第二天他又来了,可还是一无所获。

国民党一计不成又施一计。5月31日夜晚,他们让丁玲和冯达上了汽车,朝着雨花台的方向开去。丁玲心想敌人大概是要下手了,但她并没有感到恐惧。能死在无数烈士洒过热血的雨花台,应该是一件值得骄傲的事。这时她想到了胡也频,她忽然感觉,死对她来说,不就是回家吗?不就是到胡也频去的地方去吗?可是汽车并没有到雨花台,而是在离城门不远的地方向右拐弯了。最后他们被如狼似虎的一群人挟持进了一栋阴森恐怖的大宅院。一个看守假装同情者,故意透露出这里是国民党的暗杀机关。两个看守手拿麻绳闯进来,一脸的杀气,让人看了不由得心里一惊。他们还故意摆出两把铁锹,做出鬼鬼祟祟的样子,还故意让丁玲听见他们说"今天晚上就干掉她"之类的话。这种气氛的确让丁玲感到了一种恐怖——难道今生就这样在这个鬼都不知道的地方灰飞烟灭了吗?自己死了不要紧,可战友们知道自己是怎么死的吗?母亲、儿子怎么办呢?直到冯达告诉丁玲,敌人想通过他让丁玲写份自首书登报已被他拒绝,丁玲这才知道,敌人的这种种演戏只不过是一场对她的精神战。

这一招又未奏效,敌人消停了一段时间。但这只不过是另一场"战争"的前夜。

到了六月底,国民党特务头子徐恩曾亲自出马了。徐恩曾对丁玲说：

"我们把你弄到南京，实在是一个'误会'，我们并没有想抓你。抓你不但对我们没什么用处，反倒在社会舆论中引起了一些反应。"

丁玲当然不知道，当时外面都在为她被捕的事抗议，声势很大，弄得国民党狼狈不堪，他们开始觉得丁玲是块烫手的山芋，杀也不是，放也不是，老这么关着也不是，真是左右为难。所以徐恩曾故意为丁玲开脱，说她又不是共产党员，只不过是写写东西，暴露点社会的黑暗面，没什么大不了的。他当然知道丁玲是共产党员，但他之所以这么说，是为了给国民党因为不敢而没有杀她找个台阶。徐恩曾此行的目的是想劝诱丁玲放弃政治立场，接受资助出国或到什么远离政治的地方去。可是这一回合，徐恩曾也是徒劳而返。

硬劝不行，敌人又改变了战术。徐恩曾走后，丁玲的吃住用等条件一样一样地发生着巨大变化，他们不仅派来了一个医生，还送来了一些旧小说，甚至让丁玲开单子，说买什么书都可以。这以后很长一段时间再也没有人来打扰她了。丁玲知道，敌人才不会这么大发善心，他们一定又在憋着什么坏呢。

此后，叛变共产党当上国民党特务的顾顺章来了，他劝丁玲归隐养母，不要再参与政治。敌人把被捕后声明脱党的姚蓬子安排与丁玲为邻，为的是让丁玲天天看到这么一个"榜样",同时也能监视丁玲的行动。国民党宣传部部长张道藩三次登门,请丁玲为他们写作或修改剧本。这些人一一粉墨登场,手段不同,但结果却是一样——乘兴而来,败兴而去,劳而无功。

整整三年时间,国民党反动政府做了种种努力也没能够使丁玲放弃信仰。这只勇敢的"飞蛾",最终还是冲破了国民党的阴谋诡计、杀人于无形的恶毒谣言、致人死命的伤寒病等天罗地网,向着自由与光明飞去。

四、从苜蓿园起飞

丁玲自被绑架以后,一直都在寻找着逃生的机会。在被押解到南京的火车上,她就试着把自己被捕的消息传出去。趁上厕所的机会,她掏出随身带的香烟和火柴,用烧过的火柴棍在烟纸背面飞快地写下一句话:

我被绑架到南京。

冰

然后丁玲又在下面写道:"请仁人君子拾到此信寄往上海开明书店叶绍钧收"。她把这封信和给送信人的四块钱用一块手帕包好,从便盆里扔了出去。但是丁玲也知道这种做法希望太渺茫了，但这是此时被特务严密看守着的她唯一能想到的办法。

在获得看书看报的权利后，丁玲从报纸上看到了她与特务同居、自首等无耻谣言，这些谣言比现在的不自由更加激怒了她。她知道这些谣言将毁掉自己的一生，如果读者，特别是党组织中的同志们相信了它们，那么即使敌人放她出去，她也不会再拥有以前的自由，不可能再回到同志们中间去。

"不行，我不能再在这里等死！我要出去，我要向那些造谣的人算账，我要向我的同志们澄清事实。"好几天里，丁玲心里翻来覆去的就只有这一个念头。

丁玲在冯达的帮助下尝试过越墙逃跑，但没有成功。她想以死明志，又被冯达救了下来。敌人本指望以冯达牵制和监视丁玲，没想到冯达仍是那么爱丁玲，不仅没有变成他们的特务，反而处处保护丁玲，为丁玲逃跑提供掩护和帮助。精诚所至，金石为开。丁玲虽然仍然对冯达没好气，但已不像刚被捕时那样天天责骂他了。她接受了冯达的建议，开始改变了斗争方式，就是装得好像麻木了似的，每天不是坐着发呆，就是看蚂蚁打架，用死苍蝇喂蚂蚁，一副听天由命、无所追求的样子，以使敌人放松警惕，寻找逃生的机会。

1933年10月上旬，丁玲和冯达被软禁在浙江莫干山上。在丁玲周围除了看守和一对监督他们的夫妇外，就只有冯达一个人。在被大雪封住的世界里,冯达是唯一能给丁玲寒冷的身心以温暖和安慰的人。被捕以前,丁玲对冯达的印象很好,认为他作为一名共产党员是合格的。他放弃优厚的待遇,投身革命工作,对革命工作一直非常负责,而且无论是生活上还是工作上都从不叫苦,是一个好同志,也是一个好丈夫。被捕以后这一段时间里,冯达没有参与国民党特务对她的迫害,反而与她患难与共,处处回护她。在特殊的环境下,在特殊的时间里,丁玲与冯达感情上的坚冰出现了一点点融化的迹象。丁玲怀孕了。第二年10月,她生下了一个女儿,这就是蒋祖慧。丁玲当时肯定不会想到,多少年后她会因为这个女儿而承受莫大的屈辱,而她这个可怜的女儿也因为她的父亲而遭到歧视。如果丁玲能够预知未来,她一定不会有那么大的勇气把这个孩子生下来。

随着时间的推移,在敌人眼里,丁玲完全陷入了喂养幼女、看护三期肺病的丈夫之类的家务事中,因此他们渐渐放松了对丁玲的监视,甚至允许她自己择宅而居,条件是只要不离开南京。

1935年春天,丁玲把家搬到了位于南京郊外一个小村庄的苜蓿园。她已被捕两年,早就与党组织断了联系。丁玲想着她必须以什么方式让党知道,自己还活着,而且还是以前的丁玲。为实现这一目的,她所能想到的唯一能引起社会重新关注她的办法就是写作。这一时期,她写作并发表了《松子》《一月二十三日》《陈伯祥》《八月生活》和《团聚》等作品。后来丁玲逃到上海后,将这些作品结集成《意外集》,交由良友图书印刷公司于1936年11月出版。

"丁玲还活着!"

"丁玲还能写!"

"丁玲没有变!"

丁玲苜蓿园的门终于敞开了。谭惕吾来了,沈从文来了,可是自己党内的同志却一个也没来。丁玲哪里知道,正因为她还活得好好的,一些同志才对她产生了怀疑,有谁敢贸然来看她呢?但丁玲还是非常高兴,因为她得到了李达夫妇的消息。于是她开始暗中做好各项准备,首先就是安排母亲和子女回了湖南。1936年5月,准备就绪的丁玲悄悄地登上了北去的火车。

可是见到李达夫妇后,丁玲失望了。他们没有提供给她任何线索,王会悟后来说,他们不知道丁玲到底是不是自首了,所以不敢把党组织的线索给她。如果不是经王会悟介绍找到曹靖华,他答应设法将丁玲的情况和要求用信转告鲁迅,丁玲此次北平之行一定是空手而返。

丁玲回到南京一个星期以后,张天翼找上门来,找机会悄悄塞给了丁玲一张纸条。丁玲跑回房后,趁没人注意赶忙打开:

知你急于回来，现派张天翼来接你，可与他商量。

天啊！这么熟悉的笔迹，这么亲切的笔迹，这不是雪峰又是谁写的！在别人都不信任自己的时候，还是自己爱的人相信自己，而且还派人来搭救自己。丁玲激动的心情难以言表，但她一点也不敢显露出来。

丁玲不动声色地过了两天，第三天下午，她在张天翼和他外甥女的帮助下逃出了南京，到了上海。丁玲多想第一眼看见的人就是冯雪峰啊，可是直到第三天，冯雪峰才露面。丁玲一眼望去，立刻感觉到冯雪峰明显变了，对丁玲的哭诉，冯雪峰毫不动容，似乎没有一点同情：

"你怎么认为就你一个人在那里受罪？你应该想到，有许许多多人都像你一样在受罪；整个革命在这几年里也同你一道，一样受着罪哩。"

经受过长征生死考验的冯雪峰给丁玲介绍了红军长征的情况，讲了毛泽东和陕北，也谈到了上海的文坛和鲁迅。这一切使丁玲明白了刚才冯雪峰为什么表现得那么"不近人情"。

这三年的囚禁生活，不是也使自己的心灵和感情变得坚硬起来了吗？

丁玲在俭德公寓住了两个星期，一心盼着组织送自己去陕北。这天，终于又盼来了冯雪峰，但她没料到的是，雪峰却让她重回南京，争取公开出来。丁玲只觉得像是数九寒冬里一盆冰水兜头泼下来一样，寒冷彻骨。

"雪峰，你太不理解人了！我好不容易逃出来，怎么还能再回到那个地狱中去呢？你只说长征苦，可你们是一个集体，是在一起受。可我是独自一个人，每一分每一秒都在忍受着煎熬，你体会过这种痛苦吗？我宁愿忍受十遍长征的苦，也再不愿回到南京去！"丁玲伤心地大哭不止，而且几乎与雪峰争吵起来。

最后丁玲还是听从组织上的安排回到了南京。但是国民党根本不可能公开释放丁玲，于是党组织改变了计划，最终还是将丁玲从南京国民党的魔爪下解救了出来，并护送她于1936年到了陕北红军的"京城"保安县。

三十二岁的丁玲再一次像一只执着的飞蛾，挣脱了黑暗的羁绊，向着发出光明的烈焰扑去。

余音
从"文小姐"到"武将军"

壁上红旗飘落照,

西风漫卷孤城。

保安人物一时新。

洞中开宴会,

欢迎出牢人。

纤笔一支谁与似?

三千毛瑟精兵。

阵图开向陇山东。

昨天文小姐,

今日武将军。

——毛泽东《临江仙·给丁玲同志》

这是 1936 年 12 月 30 日,红军中央军委主席毛泽东通过军用电报,给正在前线的丁玲发去的一首词。这首《临江仙·给丁玲同志》(后来上阕最后一句改为"招待出牢人")是毛泽东少数几首专门为一位女性而作的诗词之一。而且据说毛泽东用军用电报拍发诗词赠远征之人,只有两次，一次是发给长征途中的彭德怀，一次就是丁玲。由此可见，当时丁玲在这位红军统帅和共产党领袖心目中的位置。

丁玲于1936年11月到达陕北时，引起的轰动可能不亚于现在的任何一位明星，而且这种效应经久不衰。在当时投奔延安的作家中，丁玲像一颗最璀璨的明珠，在黄土高坡的衬托下，更显得光彩夺目。这样一位来自大都市的有着传奇经历的"文小姐"，使一大群半生戎马、出生入死的"武将军"们也不得不刮目相看。

延安敞开怀抱欢迎丁玲，给了这位受尽磨难的女作家以最高的礼遇。11月22日中国文艺协会成立大会召开，次日，文艺协会举行了第一次干事会，丁玲当选为干事会主任，并代理研究部部长。1937年春，她从前线回来后，又被任命为中央警卫团政治部副主任。1939年担任陕甘宁边区文化协会副主席，1941年担任《解放日报》文艺副刊主编……

处在这样一个火热的环境中，丁玲不可能完全静下心来，关在延安的窑洞里一门心思地写作。她向往战火纷飞的抗日前线，向往那些她从来没有经历过的生活，她渴望了解那些她从来没有接触过的人。纸上得来终觉浅，绝知此事要躬行。所以当毛泽东问她想做什么时，她毫不犹豫地说：我要上前线。

七七事变以后，后方的干部都纷纷要求上前线，丁玲也不肯坐守后方,她与吴奚如组织了西北战地服务团,简称"西战团",并分别作为正、副主任率领西战团于8月15日出发赴前线、后方演出,宣传抗日,当时曾轰动一时。丁玲在西战团中有一个意外的收获,就是与陈明从相知到相爱。陈明是西战团宣传股长,比丁玲小十三岁,身份、地位都没有丁玲显赫。他们的相爱也曾引来众多猜疑和非议,但丁玲是一个蔑视流俗的人,虽然他们爱得很苦,但她还是坚持自己的选择,终于他们克服重重困难,于1942年2月在延安结婚。历史证明,在这次对爱情的追求上,丁玲的执着是对的,她的冒险是值得的。在以后几十年的凄风苦雨中,陈明始终用自己的爱保护着丁玲,安慰着丁玲,一直伴她走到人生的尽头。

来到延安,丁玲的革命生涯实现了根本性的飞跃。可是她在重新归入这条登山之路时,却好像被一只大手托着,被一股劲风卷着,一眨眼已站在了峰顶,在翻滚的云海中,已被卷入了漩涡的中心。丁玲毕竟只是一个文学家,所以面对这一切,她只感到幸福,只想着自己又可以自由自在地飞翔了,只盼着把自己的一切奉献给重新使她获得自由,实现理想的这个新世界。

踏进延安,丁玲终于实现了胡也频当年的梦想,到了苏区,可以写革命的文学作品了。从此,她的创作生涯有了一个新的起点,并且一直在向上攀登。丁玲痛快地呼吸着这里自由清新的空气,纵情地讴歌她梦寐以求的苏区的火热生活,赞扬着她从心底里景仰的那些革命者的高尚情怀,并为普通的战士和朴实的陕北人民挥洒她压抑了很久的激情与文采,充分表达对日本侵略者的满腔仇恨。《一颗未出膛的子弹》《新的信念》《重逢》《河内一郎》……丁玲勤奋地写着,最后留下了《"三八节"有感》《我在霞村的时候》《在医院中》,直至《太阳照在桑干河上》这一串坚实的脚步。反映土地改革的长篇小说《太阳照在桑干河上》荣获了苏联斯大林文学奖金,这部作品标志着丁玲的小说创作达到了一个新的高峰。

但丁玲到哪里都不是个循规蹈矩的人。她之所以能成为一名杰出的作家,可能也正因于此。她敏锐的观察能力和独特的感悟能力,总是能让她看到别人看不到的东西;她骨子里的自由散漫和理想中的侠肝义胆,总是迫使她去写别人不愿写或不敢写的东西;而她在政治上的迟钝与幼稚,又总是把她推到岌岌可危的境地。在延安,她看到了天上的灿烂阳光,但也看到了地上的暗影和垃圾,她觉得自己作为延安的一分子,有责任指出来,有责任与她的同志们一起驱散这些暗影,扫除这些垃圾。

1942年3月7日,丁玲应编辑所约为《解放日报》写一篇纪念"三八节"的文章,这使她想起了延安新近两起离婚事件中反映的男女不平等问题,于是挥笔写就了《"三八节"有感》,揭露和批判了即使在延安也仍然存在的男女不平等现象及根深蒂固的封建思想和农民意识。这么一篇捅马蜂窝的文章在 3 月 9 日的报纸上刊出后,虽然使不少人不快,但却并不严重。可是 3 月 13 日和 3 月 23 日,王实味的杂文《野百合花》分两次在《解放日报》副刊发表后,形势就急转直下了。王实味受到了批判,丁玲也受到了批评。不仅是一些与丁玲对立的文人对她口诛笔伐,而且上纲上线几乎到了"反动派""反革命"的高度,就是一些曾对她青眼相看的"武将军"也开始大骂:老子在前线提着脑袋打仗,有人却在后方下刀子!一时间,《"三八节"有感》变成了正瞄准丁玲自己的"一颗未出膛的子弹"。黑云压城城欲摧,"纤笔一支"到底不是"三千毛瑟精兵"。就在这个关键时刻,4 月初毛泽东在一次高级干部学习会上的话一锤定音:《"三八节"有感》虽然有批评,但还有建议。丁玲同王实味也不同。丁玲是同志,王实味是"托派"。这一番话使丁玲幸免于难。

因为手中的笔差点断送了自己的政治生命以至文学事业,在丁玲走上文学道路和革命道路以后,这还只是第一次。而这一次丁玲有幸死里逃生,但是,一个人不可能永远有这样的运气。在丁玲的后半生中,在那个风雪弥漫人间的年代里,文学与革命这两条轨迹始终绞扭在一起,有时成为她前进的纤绳,有时又成为她生命的绞索……

把丁玲作品的名字串起来看,总让人有一种宿命感。当她在莎菲女士的年纪时,她《在黑暗中》彷徨,在她投身革命几十年以后,她《在严寒的日子里》煎熬;前半生,她从《魍魉世界》中逃回人间,后半生在《风雪人间》中走向天国,而《太阳照在桑干河上》就像是丁玲最灿烂的梦。

  一只多情的飞蛾,
    向光明飞去,
      人们看到火焰越来越近。
  一只勇敢的飞蛾,
    向光明飞去,
      人们看到火焰越来越高。
  一只自由的飞蛾,
    向光明飞去,
      人们看到火焰中的舞者……